Lesen gegen die Angst

„Und gleich ist es Abend"
Salvatore Quasimodo

Stefan Brams

Lesen gegen die Angst

Eine Corona-Bibliothek
von Leser*innen für Leser*innen –
entstanden im Home-Office

Mit einem Essay von Wolfgang Braungart

KunstSinn-Verlag, Bielefeld

Impressum:

1. Auflage

Veröffentlicht im KunstSinn Verlag, Bielefeld

Bernd Ackehurst, Bielefeld 2020

© by im KunstSinn Verlag, Bielefeld

Titelbild: pixabay.de

ISBN: 978-3-939264-29-3

Printed in Germany

Für Uta

Vorwort

Für viele Menschen – nicht nur in Ostwestfalen-Lippe – wird der Arbeitsplatz im Büro über lange Jahre der Tätigkeit zu einem Stück Heimat. Aber was geschieht, wenn plötzlich das Heim zum Büro wird, wie es die Corona-Krise nötig gemacht hat? Leben und Arbeiten im Home-Office ist für viele neu. Wir üben uns lange darin, unser Dasein in diesem Home-Office neu zu sortieren.

Einfach ist das nicht. Wenn schon das Frühstück neben dem Dienst-Laptop stattfindet und die Mittagspause in der eigenen Küche statt in der Kantine, verschwimmen die Grenzen zwischen Privat- und Arbeitsleben. Auch kann sich die möglicherweise gewonnene Freizeit schnell mit Langeweile füllen, die wohltuende Ruhe als Einsamkeit gefühlt werden.

Das Buch – das von Freunden empfohlene oder das selbst entdeckte – wird da zum Stabilitätsanker. Das ist die Erfahrung, die der Leiter unserer Kulturredaktion in der Neuen Westfälischen, Stefan Brams, mit seiner täglichen Kolumne machen durfte. Gedacht als eine Art täglicher Lese-Tipp, ist sie zu einer eigenen Erlebniswelt mit und für viele unserer Leserinnen und Leser gewachsen, hat sie zu Mit-Autorinnen und -Autoren der Empfehlungen gemacht.

Natürlich findet sich Goethe in diesen Empfehlungen ebenso wie Lessing. Aber auch Goscinnys/Uderzos Asterix füllt den heimischen Bücherraum. Die Breite und Tiefe der ostwestfälisch-lippischen Lese-Welt hat uns alle überrascht – die Absender der Lese-Tipps ebenso wie die Empfänger und die Kolleginnen und Kollegen in unserer Redaktion.

Stefan Brams hat so ganz neue Fenster in seinem Home-Office geöffnet. Dies allein ist Anlass genug für die Veröffentlichung einer Sammlung seiner Erkenntnisse, die hier zusammengestellt ist. Der Blick in die Home-Offices unserer Leserinnen und Leser ist mehr als das – ein Erlebnisgewinn, den ich sehr empfehle.

Thomas Seim
Chefredakteur Neue Westfälische

Stefan Brams
Wie alles begann

Eine Woche bevor Kanzlerin Angela Merkel unser Land wegen der Corona-Pandemie in den Lockdown schickte, zog die Redaktion der Neuen Westfälischen in die Home-Offices ihrer Redakteur*innen um. Eine Redaktion ist ein sehr lebhafter Organismus, der von permanenter Kommunikation, dem Wettstreit der Ideen, dem Ringen um Themen und Meinungen lebt. So ein agiles Wesen dermaßen dezentral neu aufzustellen, so dass ein gemeinsames Produkt, eine Zeitung und ein permanent sich aktualisierender Online-Auftritt dabei herauskommt, ist eine ziemliche Herausforderung, wenn man sich nicht mehr direkt sieht, begegnet, in Konferenzen oder einfach nur mal eben auf dem Flur abstimmen, diskutieren, plauschen oder streiten kann. Wir haben es – nach nur einem Tag des Übens – ziemlich gut hinbekommen, wie ich meine.

Als ich selbst am 16. März ins Home-Office umzog, kam mir die Idee, unseren Leser*innen jeden Tag ein Buch aus meiner Bibliothek zur Lektüre zu empfehlen - als Lese-Tipp aus meinen vier Wänden gegen die möglicherweise aufkommende Langeweile, ja Einsamkeit in der nun zunehmenden Isolation. Es kam anders. Nach der ersten Buch-Empfehlung reagierten die Leser*innen in einem solchen Maß auf meinen Aufruf, mir doch selbst Lektüre-Tipps zu schicken, so dass fortan Leser*innen für Leser*innen Texte schrieben von mir locker verbunden mit Plaudereien aus meinem Alltag, eigenen Buch-Empfehlungen und Kommentaren zu den großen und kleinen Ereignissen da draußen in der plötzlich auf Abstand stattfindenden Welt. So baute sich Tag für Tag über die Bücher ein Dialog mit am Ende mehr als 220 Leser*innen auf, die zu Mit-Autor*innen wurden.

All die Zuschriften haben mich schließlich ermuntert, die 50 plus 3 Kolumnen als kleines Buch samt einer „Corona"-Bibliothek unserer Leser*innen herauszugeben, in der auch alle 276 Buchtitel, die in den Texten eine Rolle gespielt haben, mit bibliografischen Angaben versammelt sind.

Ich möchte meinen Mit-Autor*innen an dieser Stelle herzlichst danken, denn sie haben mich mit durch meinen neuen, seltsamen Alltag getragen, und ich habe den Eindruck, dass es auch andersherum ein wenig der Fall war. Pastor Walter Schroeder aus Bielefeld bringt in seiner Zuschrift auf den Punkt, was viele in ihren Mails und Briefen ausgedrückt haben: „Dass eine kleine Aktion wie die Ihre, die anfangs so unauffällig daher kam, ein solches Echo ausgelöst hat, das ist richtig erfreulich. Glückwunsch!"

Sehr dankbar bin ich auch meinem Chefredakteur Thomas Seim, der mein Vorhaben sogleich unterstützt hat, und Wolfgang Braungart, Professor für Literaturwissenschaft an der Uni Bielefeld, der exklusiv für dieses Buch einen sehr klugen Essay über das „Lesen in Zeiten von Corona" geschrieben hat, dem ich eine große Leserschaft wünsche.

Ich wünsche Ihnen nun viel Lesevergnügen in diesem Buch, das für mich auch eine Erinnerung an eine verstörende, seltsame Zeit darstellt, die leider noch längst nicht vorbei ist. Ein Buch von Leser*innen für Leser*innen. Eben: „Lesen gegen die Angst" oder wie Wolfgang Braungart es in seinem Essay so trefflich formuliert hat: „Die vielen Bücher, von denen dieses Buch erzählt, brauchen wir jetzt besonders, weil wir sie nicht bloß brauchen."

Die Lesetipps
aus dem Home-Office

Dienstag, 17. März

Müßiggang ist eine Tugend

Angesichts der Corona-Krise und unseres nun plötzlich massiv zurückgefahrenen hektischen Lebensstils äußern immer mehr Menschen die Hoffnung, dass sich nach der Krise dauerhaft etwas an diesem ändern möge. Ob das klappt?

Die Literaturwissenschaftlerin **Gisela Dischner** jedenfalls hat sich bereits vor Jahren mit dem Thema Müßiggang befasst. In ihrem spielerisch-subversiven „Wörterbuch des Müßiggängers", das im Jahr 2009 im Bielefelder Aisthesis Verlag erschien ist, hat sie umfassend dargelegt, dass der Müßiggang nicht aller Laster Anfang ist, sondern ein Ausweg aus der „Zwangsjacke einer immer absurder werdenden Welt der Arbeit". Ein anregendes Buch, das viele Argumente für den Ausstieg aus unseren stressigen Routinen liefert.

Zwei Jahre später hat die Autorin unter dem Titel „Müßiggang und Liebe" das Thema nochmals aufgegriffen und ein weiteres, sehr anregendes Werk vorgelegt. In einem Streifzug durch die Epochen weist sie schlüssig nach, dass Müßiggang auch eine Voraussetzung für die Liebesfähigkeit des Menschen ist. „Wer widersteht der Schönheit und der Liebe auf Dauer, wenn ihm entfremdete Erwerbsarbeit nicht mehr den Großteil der Lebenszeit stiehlt?", fragt Dischner und ist sich sicher, „dass wir uns gegenwärtig mitten in einem Paradigmenwechsel von einer Arbeits- zu einer Mußegesellschaft bewegen".

Gerade jetzt erscheinen ihre Gedankengänge aktueller denn je. Ich habe sie mir jedenfalls zur Lektüre parat gelegt, sobald die Arbeit im Home-Office ein wenig Zeit zu ihrer Lektüre lässt.

Haben Sie auch Bücher, die Sie in diesen Tagen zur Lektüre empfehlen möchten. Dann schicken Sie ihren Tipp doch an stefan.brams@ihr-kommentar.de

Donnerstag, 19. März

Müßiggang mit Luther

Andreas Günther ist Pfarrer in der evangelisch-lutherischen Kirchengemeinde Spenge. Mein Lesetipp aus meinem Home-Office zu den Büchern von Gisela Dischner zum Thema Müßiggang, haben ihn bei Martin Luther nachschlagen lassen, denn auch der große Kirchenreformer hat sich schon zum Müßiggang geäußert. Hier Luthers Gedanken, die Andreas Günther uns gesandt hat und im Anschluss daran die Anmerkungen des Spenger Pfarrers zu Luthers Worten:

„Darum befehle ich euch und allen Freunden unter Androhung des Bannes, euch Gesundheitsmaßregeln aufzuzwingen, denn ihr sollt nicht Eure eigenen Mörder werden und dann tun, als hättet ihr Euch im Dienste Gottes zugrunde gerichtet. Man dient Gott auch durch Müßigsein, ja vielleicht durch nichts mehr als damit. Darum hat er den Sabbat besonders streng gehalten wissen wollen. Also verachtet dies nicht! Es ist Gottes Wort, das ich euch schreibe."

Dazu formuliert Andreas Günther: „Das schreibt Martin Luther am 12. Mai 1530 seinem Freund und Mitstreiter Philipp Melanchthon, der ihm sein Leid geklagt hatte: Während des Reichstags zu Augsburg wurde Melanchthon aufgrund von Arbeitsüberlastung von heftigen Kopfschmerzen gequält. Besonders bemerkenswert: ‚Man dient Gott auch durch Müßigsein, ja vielleicht durch nichts mehr als damit.' Wie jetzt? Gilt denn nicht das Sprichwort ‚Müßiggang ist aller Laster Anfang'? Nein. Irrtum. Mit dem Verweis auf das 3.Gebot stellt Luther klar: So wie Gott selbst am siebten Schöpfungstag von allen seinen Werken ruhte, so sollen auch wir Menschen von unserer Arbeit ruhen – und erfüllen gerade damit nicht mehr und nicht weniger als den Willen Gottes. Von der Arbeit auszuruhen ist Teil der göttlichen Schöpfungsordnung und so natürlich und lebensnotwendig wie Einatmen und Ausatmen. . . In diesem Sinne: Allen einen gesegneten Müßiggang!"

Dem ist aus meinem Home-Office wahrlich nichts hinzuzufügen.

20. März

Heute vor 250 Jahren
wurde Friedrich Hölderlin geboren
Wir drucken seine „Abendphantasie"

Friedrich Hölderlin gehört zu den größten deutschen Dichtern. Heute vor 250 Jahren wurde er in Lauffen am Neckar geboren. Bereits in der vergangenen Woche haben

wir ihn in einem Gespräch mit dem Bielefelder Literatur-
wissenschaftler **Wolfgang Braungart** ausführlich gewür-
digt. Wir taten es so früh, um auf zahlreiche Veranstaltungen zu Hölderlin rechtzeitig hinweisen zu können. Die
aber wurden wegen der Corona-Krise fast alle abgesagt.
Daher lassen wir heute den Dichter zu seinem Geburtstag
selbst zu Wort kommen und drucken seine „Abendphantasie" (1799). Mit eines seiner schönsten Gedichte, das in
diesen Zeiten zudem etwas Tröstliches hat.

Abendphantasie

Vor seiner Hütte ruhig im Schatten sitzt
Der Pflüger, dem Genügsamen raucht sein Herd.
Gastfreundlich tönt dem Wanderer im
Friedlichen Dorfe die Abendglocke.
Wohl kehren itzt die Schiffer zum Hafen auch,
In fernen Städten, fröhlich verrauscht des Markts
Geschäftger Lärm; in stiller Laube
Glänzt das gesellige Mahl den Freunden.
Wohin denn ich? Es leben die Sterblichen
Von Lohn und Arbeit; wechselnd in Müh' und Ruh
Ist alles freudig; warum schläft denn
Nimmer nur mir in der Brust der Stachel?
Am Abendhimmel blühet ein Frühling auf;
Unzählig blühn die Rosen und ruhig scheint
Die goldne Welt; o dorthin nimmt mich,
Purpurne Wolken! und möge droben
In Licht und Luft zerrinnen mir Lieb' und Leid! –
Doch, wie verscheucht von töriger Bitte, flieht
Der Zauber; dunkel wirds und einsam

Unter dem Himmel, wie immer, bin ich –
Komm du nun, sanfter Schlummer! zu viel begehrt
Das Herz; doch endlich, Jugend! verglühst du ja,
Du ruhelose, träumerische!
Friedlich und heiter ist dann das Alter.

Samstag, 21. März

Schonen wir uns

Mein nächster Lektüretipp aus dem Home-Office muss noch etwas warten. Nicht weil mir jetzt schon keiner mehr einfällt, sondern weil Sie, liebe Leserinnen und Leser, mir so zahlreich Ihre Tipps geschickt haben. Die haben Vorrang und so gehört die Kolumne heute Ihnen.

Das Thema Muße, das ich in der ersten Kolumne aufgriff, bewegt auch andere. So empfiehlt **Bernd Ortmeier** die Lektüre von Hermann Hesses „Die Kunst des Müßiggangs" und von Marlen Haushofers „Die Wand".

Uta Groger, Allgemeinmedizinerin aus Bielefeld, die, wie sie schreibt, derzeit als Ärztin „rotiert", schlägt das Werk der Schweizer Psychotherapeutin Verena Kast mit dem Titel „Vom Interesse und dem Sinn der Langeweile" zur Lektüre vor. „In dem Buch geht es um die Notwendigkeit der Muße als Quelle neuer Ideen. Um Be-Sinnung und Wieder-Finden von Sinn", so die Ärztin.

Michael Zirbel bewegt die Zukunft Europas und lädt ein, Mark Twain zu lesen. Aber nicht Tom Sawyer und Huckleberry Finns Abenteuer, sondern Twains 500 Seiten umfassendes Buch „Bummel durch Europa". Zirbel dazu: „Seine Reisegeschichten sind durch einen souveränen und manchmal absurden Plauderton geprägt, manche

Erlebnisse gleiten unmerklich in hübsche Fantasien ab."
Fasziniert ist Zirbel davon, dass Twain Europa schon damals als Einheit betrachtete.

„Wir sollten mal wieder Schopenhauer lesen", rät **Heide Haike** und verweist auf dessen „Aphorismen zur Lebensweisheit" und „das Glück mit sich selbst zu sein". „Eine Fähigkeit, die verloren gegangen ist", wie die Künstlerin meint. Aber sie sagt auch: „Man kann sie lernen, wie Müßiggang."

Fasziniert ist **Markus Pahmeier** aus Lemgo von Adalbert Stifters „Der Nachsommer". Ein Roman aus dem 19. Jahrhundert, „an dem aber vieles zeitlos oder gar wieder aktuell ist". Der Lektor verweist darauf, dass Stifter Themen wie „die regionale Versorgung der Menschen, das langsame Lebenstempo in einer sich beschleunigenden Welt, den schonenden Umgang mit den natürlichen Lebensgrundlagen" aufgreift. Auch die zwischenmenschlichen Verhältnisse beruhten in dem Roman auf einem schonenden, zurückhaltenden Umgang, „in dem die Unversehrtheit und das Wohl des Mitmenschen an erster Stelle stehen".

Ein schönes Schlusswort für heute. Weitere Leser-Lesetipps folgen und sind weiterhin willkommen. Bleiben Sie gesund.

Montag, 23. März

Lesend aktiv sein

Es hat mich in meinem Home-Office mit Blick auf den Bielefelder Stadtwald sehr gefreut, dass sich so viele Leser über den Abdruck von Friedrich Hölderlins wunderschöner Ode „Abendphantasie" am Freitag an dieser Stelle gefreut haben. Ich wiederum freue mich, dass immer noch Lektüretipps von Ihnen eingehen. Nachdem ich an dieser Stelle am Samstag bereits fünf zusammengestellt habe, geht es heute mit vier neuen weiter.

Die Bielefelderin **Renate Dyck** empfiehlt in diesen Zeiten die Lektüre von Christiane Ritters „Eine Frau erlebt die Polarnacht". Über das Buch sagt sie: „Die Künstlerin Christiane Ritter besuchte Ende der 30er Jahre ihren Mann, der zu der Zeit nahe Spitzbergen als Jäger lebte. Für sie bedeutete das für sechs Monate, schließlich verlängert auf ein Jahr, oft wochenlange Isolation. Dieses Buch ist für mich bis heute einer der spannendsten, erfahrungs- und erlebnisreichsten wie mutmachenden Berichte über Zeiten der Isolation."

Erstmals ist unter den Lese-Empfehlungen nun auch ein Krimi. **Kathrin Bröker** aus Bad Salzuflen schlägt „Saving Grace" von B.A. Paris vor. „Ein Psychothriller, genial geschrieben, man fiebert richtig mit Grace mit, wie sie es schafft, zu entkommen", so Bröker, die zudem Jorge Bucays „Komm, ich erzähl dir eine Geschichte" empfiehlt. „Der dicke Jorge ist Therapeut in Buenos Aires und hat so seine ganz eigenen, liebenswerten Methoden, seine Patienten über das Leben nachdenken zu lassen. Klingt erst mal trocken, ist es aber nicht!", verspricht Frau Bröker uns.

Keinen „Müßiggang", sondern „lesend aktiv sein" zum Beispiel mit Henning Sußebachs „Deutschland ab vom Wege – Eine Reise durch das Hinterland" – dazu rät **Dorle Bergemann** aus Bielefeld. Sie schreibt: „Ein anregendes

Buch, mit dem richtigen Schuhwerk möchte man gleich loslaufen; nebenbei ein Genuss, da sprachlich perfekt!" Wird gelesen, denn ich will den Stadtwald ja nicht auf ewig nur von meinem Fenster aus sehen, sondern alsbald wieder mit Freunden und Freude durchschreiten.

Dienstag, 24. März

Lesen gegen die lähmende Angst

Die Leserzuschriften mit Lektüre-Tipps – samt so manch kleiner beigefügter persönlicher Geschichte – reißen nicht ab. Das freut mich sehr, dafür danke ich Ihnen herzlichst hier aus meinem Home-Office und leite Ihre Tipps nun nach und nach an dieser Stelle sehr gerne an die anderen Lesefreudigen weiter.

Die heutige, dritte Auswahl beginne ich bei schönsten Frühlingswetter – das auf mich merkwürdig surreal wirkt angesichts der dunkeln Corona-Pandemie da draußen – mit einer Empfehlung von **Wilfried P. Schrammen** aus Bielefeld, der da schreibt: „Als im Hausarrest lebender Rentner gilt für mich: Ruhe bewahren, nicht in Panik geraten, viel lesen, mit der Ehefrau im Wohnzimmer tanzen (bei Kaffee, Kuchen und Cognac) und vor allem: nicht den Humor verlieren! Daher empfehle ich als Lektüre die Werke meines rheinischen Landmanns Heinrich Heine, der sich 1826 zum Thema Coronavirus wie folgt äußerte: ‚Weiße Salbe weder heilet, noch verschlimmert irgend Schäden, / weiße Salbe findest jetzo du in allen Bücherläden.' Also lesen, lesen, lesen!" Trefflich formuliert.

Die Bibel hat in der Krise **Corinna Anhalt** aus Paderborn, die sich als Leseratte bezeichnet, für sich neu entdeckt, sie teilt in ihrer Mail mit: „Ich habe mich gerade nach längerer Pause wieder den Psalmen aus der Bibel gewidmet. Sie spenden mir Trost."

Das veranlasst mich zu einem kleinen Einschub, wenn Sie erlauben. Zu meiner Konfirmation schrieb mir unser Pastor 1977 ins Erinnerungs-Heftchen: „Der Gottlosen Arbeit bringt trügerischen Gewinn; aber wer Gerechtigkeit sät, hat sicheren Lohn." Ob das ein Psalm ist, weiß ich nicht, aber der Spruch gefällt mir. Gut gewählt, Pastor Hinne, der mich durch die erste Konfi-Prüfung fallen ließ (zu Recht: ich hatte nichts gelernt dafür). Aber ich schweife ab, daher nun wieder zurück zu Ihren Tipps.

Der Bielefelder **Lutz Röver** bringt Jules Vernes „In 80 Tagen um die Welt" ins Gespräch ganz einfach, „weil es mein Lieblingsbuch ist."

Da wir nicht reisen können, schlägt **Eva Steffens** Hans-Josef Ortheils „Die Mittelmeerreise" zur Lektüre vor, „weil man sich in diesem Text wie ein blinder Passagier an Bord ganz nah dran am Geschehen fühlt." Herrlich sei es, so zu reisen und eigene Pläne zu schmieden. „Für danach, denn jetzt bleiben wir zu Hause." Ebenfalls ein Buch von Ortheil schlägt **Margot Wellhöner** aus Gütersloh vor und zwar dessen Roman „Die Erfindung des Lebens", „weil es ein wunderbares, sehr einfühlsam erzähltes Buch ist".

Anke Sklenarz hat letztes Jahr „Die Pest" von Albert Camus wieder gelesen und nennt das „eine sehr lehrreiche Lektüre". Auch **Hans-Jürgen Gaber** empfiehlt dieses Buch. Er habe es es in den 80er Jahren gelesen, als die Aids-Krise ausbrach, und er als Arzt in einer therapeutischen Wohngruppe arbeitete, in der zwei Bewohner positiv getestet wurden. „Das Buch war mir damals ein dankbarer Leitfaden gegen die lähmende Angst und das uns alle bedrohende Chaos", schreibt Gaber.

Ich sage für heute Danke für Ihre Tipps. Mehr morgen. Bleiben Sie gesund.

Mittwoch, 25. März

Wenn der Sommer nicht mehr weit ist

Um des Morgens im Home-Office so richtig in die Gänge zu kommen, höre ich mir immer mal wieder ziemlich laut Konstantin Weckers „Wenn der Sommer nicht mehr weit ist" an. Das puscht, das macht Lust auf das Schöne was da bald kommen mag – auf Wärme, Liebe, Zärtlichkeit. . . Wie schön. So schön, wie Ihre Lesetipps, die auch weiterhin reichlich in meinem Maileingang einlaufen. Dafür erneut herzlichen Dank.

Zum Auftakt kommt heute **Joachim Fritz-Vannahme** aus Bielefeld zu Wort. Er empfiehlt die Lektüre von Gabriel Garcia Marquez' Roman „ Liebe in Zeiten der Cholera" mit diesen Worten: „Eine magische Liebesgeschichte, bei der zwei erst nach einem ganzen Leben zueinander finden und dann die gelbe Cholera-Flagge hissen, um allein, zu zweit und ungestört vom Rest der Menschheit den kolumbianischen Rio Magdalena hinauf zu schippern."

„Das Eisschloss" von Tarjei Vessas bringt **Michael Hellwig** aus Enger ins Gespräch. Über das Buch schreibt er: „Es handelt sich um die inhaltlich und sprachlich absolut grandiose Geschichte zweier elfjähriger Mädchen, die sich nach einigem Zögern anfreunden. Eines Tages im

Winter verschwindet Unn. Die zurückbleibende Freundin Siss gerät in eine existenzielle Krise." Auch wenn die zwei Mädchen erst elf Jahre alt sind, „ist das absolut kein Kinderbuch", betont Hellwig, der zudem Michael Connellys „Die Verlorene" und den Lyrikband „Sichel" von Ruth Lillegraven empfiehlt. „Wer sich vorstellen kann, dass eine Serie von Gedichten sich zu einer eindrucksvollen Erzählung zusammenfügt, sollte unbedingt ‚Sichel' lesen", rät Hellwig. Ich werde es tun. Kannte die Autorin bisher nicht.

Anders Klaus Mann, den ich als Autor schätze. Seinen Tschaikowsky-Roman „Symphonie Pathétique"empfiehlt **Dorothea Becker** aus Bielefeld und bietet an, mir das Buch zu leihen. Ich sage danke, aber es steht, von mir mit großer Freude einst gelesen, bereits in meinem Bücherregal. Der Tipp bringt mich allerdings auf die Idee, mal wieder Tschaikowsky zu hören. Am liebsten sein Violinkonzert, Op. 35, und zwar gespielt von Yehudi Menuhin 1949 im zerstörten Berlin. Eine traurig-schöne Aufnahme und hier als Hör-Tipp ausdrücklich empfohlen.

Enden möchte ich heute mit dem Lesetipp von **Viktoria Affeldt**. Sie rät zu John Ironmongers Roman „Der Wal und das Ende der Welt". Sie habe das im vergangenen Jahr erschienene Buch im Dezember gelesen, schreibt sie und betont: „Ich bin seit Wochen schockiert, wie die Fiktion des Romans Wirklichkeit wird. Es geht um die Auswirkungen einer weltweiten Grippe-Pandemie!" Die Geschichte spiele in einem kleinen englischen Dorf, sei spannend, auch mal anrührend und eben realistisch. „Sie ist aber auch tröstend und versöhnlich", so Viktoria

Affeldt am Ende ihrer Empfehlung.

Eine Leserin, deren Tipp ich morgen drucken möchte, fragte, ob es mir nicht zu viel werde mit den Tipps? Ich antworte mit Nein. Ich hoffe, es geht Ihnen ähnlich. Bleiben Sie gesund. Der Sommer ist nicht mehr weit.

Donnerstag, 26. März

Vom Mensch sein

Am Dienstagabend musste ich Abschied nehmen – von Frau Dr. Peters. Das war bis zu diesem Abend die coolste, alles wegoperierende Ärztin der „Sachsenklinik" in der ARD-Dauerserie „In aller Freundschaft".

Ja, die gucke ich. Ist so eine persönliche Macke, dass ich im TV gerne Schmonzes schaue – nicht erst seit der Corona-Krise, sondern einfach so, um Weltflucht zu betreiben. Aber noch lieber als Schmonzes zu gucken, lese und veröffentliche ich Ihre Lektüretipps – und die wachsen weiter an. Dafür Danke!

Heute steigen wir ein mit zwei Tipps von **Wolfgang Groß** aus Steinhagen. Er empfiehlt Alessandro Manzonis „Die Verlobten" und schreibt dazu: „Vor langer Zeit gelesen, jetzt wieder präsent, der Schlüsselroman der italienischen Kultur und Geschichte spielend zur Zeit der Pest im damaligen Herzogtum Mailand und im Besonderen in Bergamo – wer da nicht ans Heute denken muss."

Sein zweiter Tipp: Valeria Luisellis „Archiv der verlorenen Kinder". „Ein großer anstrengender, aber umwerfender, vielschichtiger und bewegender Roman einer Patchworkfamilie und eine Reise an die mexikanischen Grenze, Flüchtlingsproblematik auch aus kindlicher Perspektive, was der Autorin grandios gelingt."

Auf meine Neigung, mich morgens mit Konstantin Weckers Lied „Wenn der Sommer nicht mehr weit ist" in Schwung zu bringen, reagiert **Anke Kirchhof-Knoch** aus Petershagen mit einem Verweis auf Weckers neue CD „Weltenbrand". Werde reinhören, versprochen. Und als Lesetipp hat sie „Die Stadt der Blinden" von José Saramago (Literaturnobelpreis 1998) parat. „Es ist ein spannender Roman über eine Epidemie, aber auch eine Analyse gesellschaftlicher Zustände, als hätte Saramago in eine Glaskugel geschaut und das Jahr 2020 erblickt", schreibt unsere Leserin. Ein Buch, die Anmerkung sei mir erlaubt, das ich damals verschlungen habe.

Helga Koch aus Oerlinghausen rät zur Lektüre von „Im Schatten des schwarzen Todes" von Harald Parigger. Ihre Begründung: „Es geht um die große Pest-Epidemie von 1348. Bei der Suche der Protagonisten nach Heilung bekommen LeserInnen einen Einblick in das Verhältnis des Judentums zum Christentum. Am Ende wird es dramatisch, als das Volk panisch wird und in seiner Ohnmacht die Juden für die Schuldigen hält..." Sie habe das Jugendbuch in einem offenen Bücherschrank entdeckt und finde, „es bietet auch Erwachsenen guten Lesestoff."

Mit Begeisterung lese sie die Lesetipp-Kolumne, schreibt **Britta Fellmer** aus Lage. Daher möchte sie auch zu ihr beitragen und rät zu „Zwischen zwei Meeren" von Carmine Abate. „Ich habe es dieses Jahr auf einem Rückflug von Kairo nach Frankfurt komplett verschlungen."

Das Schlusswort soll heute Frau Dr. Peters haben. Die hat ganz am Ende des Films in einer Video-Botschaft an ihre Kollegen gesagt: „Wie schwer es ist, manchmal ein Mensch zu sein, das hab' ich hier in der Sachsenklinik gelernt... wie schwer und auch wie schön." Dem ist wohl nicht nur in diesen Zeiten nichts mehr hinzuzufügen – außer: Bleiben Sie gesund.

Freitag, 27. März

Auf der Achterbahn des Lebens

Ab und an reibe ich mir in diesen Tagen noch verwunderter als sonst die Augen – zum Beispiel bei dieser Zahl: 700 Prozent Umsatzsteigerung vermeldeten die Hersteller von Klopapier in diesem Land gestern.

Dazu sag ich mal lieber nichts, frage mich aber beim Anblick meiner Bücherregale, in denen seit Jahren auch so manch ungelesenes Buch steht, ob diese Lust am Bücherkauf auch in die Kategorie Hamstern fällt? Was meinen Sie? Doch bevor wir tiefer in diese Diskussion einsteigen, geht's flugs zu Ihren Lektüretipps, die mich weiter durch meine einsamen Tage im Home-Office tragen. Bedankt dafür.

„Um das Gemüt in diesen traurigen Zeiten etwas aufzuhellen", empfiehlt uns **Marie Meincke** aus Lübbecke „den wunderbaren Roman von Arnon Grünberg ‚Phantomschmerz' mit seinem feinen Humor und den irrwitzigen Geschichten, die er erzählt". Es sei ein rasant komisches und doch melancholisches Buch über die Achterbahn des Lebens, betont die Leserin.

Gerhard Banzhaf, der in Bad Salzuflen daheim ist, hat sich in den letzten Tagen die Gesamtausgabe von Boccaccio, „Das Decamerone", hervorgeholt. Zum Inhalt:

Vor fast 700 Jahren fliehen zehn junge Menschen aus der durch die Pest fast entvölkerten Stadt Florenz in ein nahegelegenes Landgut. Dort vertreiben sie sich die Zeit vor allem auch mit dem Erzählen von 100 Geschichten über menschliche Verhaltensweisen. „Köstlich, oft etwas frivol. Passt gut zu unserer gegenwärtigen Situation", urteilt unser Leser über dieses Werk aus weit zurückliegender Zeit.

Märchen stammen auch aus alter Zeit und so rät der Bielefelder **Alexander Gruber** zur Lektüre der Märchen der Brüder Grimm – „auch weil diese Hausmärchen fast jeder zu Hause hat, sodass praktischerweise der Buchkauf entfällt". Er empfehle die Grimm'schen Märchen aber auch, „weil die Sammlung auch Kindermärchen enthält, in denen tapfere, starke Kinder die Handlung tragen, was für die jetzt Eingesperrten sowohl spannend als auch tröstlich zu erfahren sein dürfte".

Wenn er sich aufheitern wolle, schreibt **Jakob Geier** aus Espelkamp, dann greife er zu Ephraim Kishons Kurzgeschichten-Sammlung „Auch die Waschmaschine ist nur ein Mensch" . Erzählt werde vom „Kampf des kleinen Mannes" mit dem technischen Fortschritt. „1987 geschrieben, aber an der Aktualität dürfte sich für den Kunden kaum etwas geändert haben", mutmaßt Herr Geier. Ich sage nur: Damit liegen Sie vollkommen richtig.

Zum Schluss für heute von mir noch dies: Dank **Rosemarie Redecker** weiß ich jetzt, dass der Merksatz, den mein Pfarrer mir 1977 – oh Gott, wie lang ist's her – in mein Konfi-Heftchen geschrieben hat, kein Psalm ist, sondern aus den Sprüchen Salomons, Kap. 11 Vers 18, stammt. Dafür danke ich herzlich – und wünsche allen: Bleiben Sie gesund.

Samstag, 28. März

Lassen wir die Gedanken fliegen

Auch das Leben und Arbeiten in so einem Home-Office braucht so seine Strukturen. Also wird des Mittags geradelt – aber nur bei Sonnenschein. Gestern gab's auf dem Weg 'nen Zwischenstopp im Bielefelder Bürgerpark.

Jung und Alt, klein und groß tummelten sich – bei tatsächlich genügend Abstand – auf den Bänken, dem Rasen rund um den See samt sprühender Fontäne, dazwischen fanden sich ziemlich aufgeplusterte in der Sonne dösende Gänse und Enten. Ein Idyll, das mich an diese Zeilen aus einem Lied von Franz Josef Degenhardt erinnerten, die da lauten: „Die jungen Paare auf den Bänken lieben sich noch, schmusen noch, schlingen noch, Arme, Beine umeinander noch, stören sie nicht die Leute." Ach wie schön. Nun zur schönen Literatur.

Vanessa Zobel aus Bielefeld empfiehlt „gerade in diesen Zeiten ein Buch zum Träumen" und zwar das in weiten Teilen auf Juist spielende „Apfelkuchen am Meer" von Anne Barns. Sie legt den Roman besonders Leserinnen ans Herz, „denn es ist ein Liebesroman, aber mit Tiefgang". Es würden aber auch dunkle Familiengeheimnisse aufgeklärt, verrät Frau Zobel, die eigentlich via meiner Heimatstadt Wilhelmshaven nach Juist aufbrechen wollte. Jetzt bliebe eben nur die Lektüre.

Zu einem Sachbuch über einen großen Entdeckergeist rät **Eva-Maria Daudel** und zwar zu Andrea Wulfs „Alexander von Humboldt – und die Erfindung der Natur". „Eine wunderbar zu lesende Biografie über diesen vorausschauenden Wissenschaftler, kein bisschen trocken und hochaktuell", so die Bewertung von Frau Daudel.

Zu der Lektüre von gleich mehreren Büchern, „die unterhaltsam, aber nicht trivial und teilweise wirklich zum Lautlachen beim Lesen sind", rät **Bärbel Junker.** Es sind die Kluftingerkrimis von Klüpfel und Kobr. Zudem rät sie zu Joachim Meyerhoffs „Ach, diese Lücke, diese entsetzliche Lücke".

Eine Lese-Lücke habe ich an dieser Stelle auch. Ich bekenne, die hoch gelobten Kluftinger-Krimis noch nie gelesen zu haben. Mal schauen, ob sich das nun ändern wird.

Von einem Nomadenstamm im hohen Norden Alaskas und dessen Kampf ums Überleben in einem bitterkalten Winter samt Hungersnot erzählt das Buch „Zwei alte Frauen" von Velma Wallis, das **Gisela Bröckel** zur Lektüre vorschlägt. Sie habe beeindruckt, „dass die beiden alten Indianerfrauen nicht aufgeben, sondern sich auf ihre ureigenen Fähigkeiten besinnen, die sie längst vergessen glaubten".

Vielleicht tut uns ja auch genau das in diesen Zeiten ganz gut.

Wer zum Wochenende etwas Pathos und große Gefühle nicht scheut, dem empfehle ich diesen Link (www.youtube.com/watch?v=VubAWDQ3gco) anzuklicken. Verdis Freiheitshymne „Va, pensiero" („Flieg, Gedanke") aus dessen Oper Nabucco ganz groß in Szene gesetzt als Dank an all die helfenden Hände, die sich in Italien gegen die Corona-Pandemie stemmen.

Ich schließe mich der Botschaft an – und sage grazie mille a tutti – nicht nur in Italien, sondern wo immer auch die Menschen ihren Dienst an ihren Mitmenschen tun. Bleiben Sie gesund! Wir lesen uns am Montag wieder.

Montag, 30. März

Heute auch was für „Lütte"

Erlauben Sie mir, dass ich zum Wochenanfang kurz abschweife. Ich hatte an dieser Stelle vor ein paar Tagen gefragt, ob das ewige Kaufen von neuen Büchern auch als Hamstern zu bezeichnen sei – wie es beim Klopapier ja derzeit eindeutig der Fall ist. **Goar Engeländer** aus Paderborn, selber fleißiger Bücherkäufer, hat mir dazu eine schöne Antwort geschickt, die ich Ihnen nicht vorenthalten möchte, er schreibt: „Von Bekannten wurde ich schon vor Jahren darauf aufmerksam gemacht, dass es im Japanischen einen Begriff gibt für das, was ich mache: ,Tsundoku' – das Kaufen und Horten von mehr Büchern, als man lesen kann. Das habe ich mir auf einen Zettel geschrieben und an mein Bücherregal geheftet." Mach ich jetzt auch. Ich frage mich nur, verhindert es das, was wir so gerne tun, das Bücherkaufen?

Nun zu Ihren Lesetipps. **Susanne Schmidt-Fleischer** aus Bielefeld ermuntert dazu, das Buch „Pirasol" der Bielefelder Autorin Susan Kreller zu lesen, in dem die Autorin in Rückblenden die Lebensgeschichte der 84-jährigen Gwendolyn erzählt. Gefangen in einer qualvollen Ehe wird deren Leben nur durch Kunst und Literatur erträglich. „Die besondere Sprache, die eindrucksvolle Stimmung und vor allem die wunderbaren und bildhaften Beschreibungen zeichnen dieses Buch aus und machen es absolut lesenswert", betont Schmidt-Fleischer, die zudem die dystopischen Romane von Margret Atwood empfiehlt: „Bücher, die eine Warnung an uns sind."

Ebenfalls zu einer kanadischen Autorin rät **Kerstin Hahne** und zwar zu Jocelyn Saucier. „Ihr Buch ‚Ein Leben mehr' ist so etwas wie ein utopisch-poetisches Märchen: man braucht nicht viel Zeit, es zu lesen, aber es schwingt anschließend noch eine ganze Weile in einem nach", ist die Leserin begeistert, die zudem Don Winslows Krimi „Frankie Machine" („Vorsicht Suchtgefahr") und für „Lütte" (1-2 Jahre) die Wimmelbilderbücher von Doro Göbel und Peter Knorr empfiehlt, „die Eltern genauso Spaß machen wie ihren Kids".

Bei Krimis und Kinderbüchern schlag ich ja nicht so schnell ein, aber es ist schön, dass hier in der Kolumne so viele unterschiedliche Lektüreempfehlungen verhandelt werden. Dafür Danke. Bleiben Sie gesund. Bei mir beginnt die dritte Home-Office-Woche. Ich freue mich weiterhin auf ihre Tipps.

Dienstag, 31. März

Herzliche Glückwünsche an Uwe Timm

Ende. Aus. Vorbei. Hieß es am Sonntagabend nach 34 Jahren für die „Lindenstraße". Doch anders als beim Abschied von Frau Dr. Peters aus der Sachsenklinik („In aller Freundschaft") in der vergangenen Woche wollte so gar keine Wehmut bei mir aufkommen. War aber auch wenig verwunderlich bei der hingeschluderten letzten Folge. Mein Urteil: Dieses Format hat der WDR zu Recht auslaufen lassen, es hat sich schlichtweg überlebt. Möge der WDR das nun eingesparte Geld nicht einfach für irgendeine belanglose Koch-Rate-Spielshow ausgeben, sondern etwas auflegen, das wieder Fernsehgeschichte schreibt.

Auf zur Literatur. Auch in der dritten Home-Office-Woche lassen Sie mich nicht allein, wie ich an den vielen eingegangenen Tipps vom Wochenende erfreut feststelle. Bedankt. Zum Auftakt gibt es heute eine russische Autorin. **Waltraud Huizing** aus Bad Salzuflen empfiehlt Ljudmila Ulitzkajas Roman „Jakobsleiter". Die Autorin blättere „ein ganzes Jahrhundert russischer Geschichte beginnend mit der Oktoberrevolution auf." Es sei spannend zu lesen, „wie die Menschen in einem totalitären System (über)leben und ihren Alltag gestalten", schreibt sie.

In der ostwestfälischen Heimat bewegt sich **Reinhard Kniepkamp** mit seinem Tipp. Er rät zu „(Erwin) Grosches Weltlexikon", in dem der Paderborner Kabarettist „regionale und universelle Begriffe humorvoll-skurril verbindet". Des Lesers Urteil: „Das Werk regt gerade in Corona-Zeiten zum vielfachen, entspannenden Schmunzeln an." Was ja in der Tat nicht schaden kann – in dieser bleiernen Zeit.

Gegen die **Eva Steffens** die „Lyrische Hausapotheke" von Erich Kästner empfiehlt – den wohl bei Lesern beliebtesten Gedichtband des Autors, den ich, ich muss es gestehen, bisher nicht gelesen habe. Für Spaziergänger, die laut Eva Steffens reichlich an ihrem Garten vorbeischlendern, hat sie jetzt eine Kiste mit „Lyrik to go" bereitgestellt. Vielleicht finde ich da ja den Kästner noch, um meine Bildungslücke zu schließen.

Uwe Timms Werk hingegen kenne ich gut und schätze es. Da geht es mir wie **Gerburg Barckow** aus Paderborn. „Bei seinem reichen Schaffen fällt es schwer, nur ein Buch herauszugreifen. ‚Die Erfindung der Currywurst' ist bestimmt das bekannteste seiner Bücher, ‚Am Beispiel meines Bruders' sein persönlichstes und ‚Rennschwein Rudi Rüssel' hat unzählige Kinder beglückt. Ich mag besonders das schmale Bändchen ‚Der Mann auf dem Hochrad'". Timm schildert wunderbar und komödiantisch den Streit zwischen Anhängern des Hoch- und Niederrads. „Das Buch hat mich nicht nur als unermüdliche Radlerin begeistert", schreibt die Bibliothekarin im Ruhestand und erinnert daran, dass Uwe Timm am Montag seinen 80. Geburtstag gefeiert hat. Wir gratulieren hier nachträglich herzlichst.

Für heute verabschiede ich mich mit einem Lob von **Michael Hess,** Pfarrer im Ruhestand in Rödinghausen. Normalerweise lese er morgens zuerst den „Hägar", „nun aber ist es mir zum ersten Mal passiert, dass ich diese Kolumne dem Comic vorgezogen habe". Ich bin erfreut. Sein Tipp folgt morgen. Bleiben Sie dran und gesund.

Mittwoch, 1. April

Erst Wegträumen, dann Kochen 2.0

Gerade sind drei Bücher bei mir eingetrudelt. Sebastian Ostritschs Biografie „Hegel, der Weltphilosoph", zudem Thomas Sparrs „Todesfuge – Biographie eines Gedichts" und „Jerusalem – Rezepte, Restaurants, Geschichten" von Vanessa Schlesier und Malte Jäger. Vor allem das Kochbuch brachte mich gestern dazu, mich hinfort zu träumen aus meinem Home-Office in diese Stadt, die ich nicht kenne, in die Kneipen und Restaurants, in denen ich noch nicht saß, und mir die Speisen servieren zu lassen, die ich noch nicht aß. Schön war es, wieder unter Menschen zu sein, an Tischen mit anderen zu sitzen, zu essen, zu trinken, zu reden, zu lachen... Genug geträumt. Sie kommen wieder diese Zeiten! Jetzt servieren unsere Leserinnen und Leser Ihnen und mir erst mal wieder neue Lesetipps.

In Leopoldshöhe beheimatet empfiehlt **Andrea von Dallwitz** „den sehr begabten britischen Schriftsteller" Patrick L. Fermor mit seinem Roman „Mani". „Das Buch hat mich mit seiner Reisebeschreibung über Griechenlands Peloponnes in den Bann gezogen", schreibt die Leserin.

Ingrid Hagemeister ist von einem „Buch aus der Jugendsparte" gebannt. Sie rät zur Lektüre von „Verloren in Eis und Schnee" von Davide Morosinotto, „der die unglaubliche Geschichte der Geschwister Danilow schildert, die unmittelbar vor der Eroberung von Leningrad im Zweiten Weltkrieg spielt". Die beiden Geschwister schreiben Tagebücher über ihre unterschiedlichen Erfahrungen, die sie machen müssen. Kommentiert werde alles durch einen sowjetischen Amtsträger. Fazit der Leserin: „Ein Buch über den Wahnsinn des Krieges, in einem sachlichen Stil erzählt."

Den Schweizer Autor Stephan Mathys und seinen Erzählband „Vor dem Fenster" empfiehlt **Hartmut Vollmer** aus Paderborn. „Mathys erweist sich in diesem Buch als ein Meister der kleinen Prosaform. Geschickt verknüpft er die Figuren von dreißig Geschichten miteinander, lässt sie wiederholt in verschiedenen Lebensphasen und aus unterschiedlichen Perspektiven auftreten", schreibt Vollmer und betont: „In Zeiten der ‚sozialen Distanz' genau das richtige Buch, um sich der Qualitäten des menschlichen Miteinanders bewusst zu werden."

Ich versprach gestern, die Lektüretipps von **Michael Hess** aus Rödinghausen heute zu servieren. An erster Stelle nennt der Pfarrer die Bibel. Ein mehr als 50 Jahre altes Exemplar habe er immer bei sich. Ansonsten empfiehlt er „das mich immer wieder faszinierende Buch von Dietrich Bonhoeffer ‚Widerstand und Ergebung', in dem der von den Nazis inhaftierte und später hingerichtete Theologe das Leben in der Isolation beschreibt". Zurzeit sei er aber eher für Eskapismus zu haben, wie zum Beispiel „Kapitän Hornblower" von C.S.Forester oder „Master and Commander" von Patrick O'Brien. Hess: „Das sind Geschichten zum Wegträumen".

Vorm Wegträumen von mir doch dies: Mit dem Thema Essen bin ich heute eingestiegen und werde damit auch aussteigen. Samstag würde sich unser Kochclub, bestehend aus vier Paaren, treffen. Geht nun nicht. Wir machen daher in Kochclub 2.0. Jedes Paar kocht für sich das gleiche Drei-Gänge-Menü. Dabei schauen wir uns per Videokonferenz zu. Allein und doch beisammen. In diesem Sinne bleiben Sie gesund.

Donnerstag, 2. April

Eines Menschen nie ganz sicher

Klopapier ist ja das neue Gold unserer Zeit. Gestern morgen habe ich beim Querlesen durch das Netz und diverse Zeitungen einen Artikel über Juli Gudehus gefunden. Die

Autorin und Gestalterin aus Berlin sammelt seit 20 Jahren Klopapier aus aller Welt. 795 Sorten besitzt sie und stellt sie nun unter dem schönen Titel „Klopapier – Gestaltung für den Arsch" in eigenen produzierten Videos auf Youtube kundig und unterhaltsam vor. Zwölf Folgen sind es bereits. Ich mochte mich gar nicht mehr abwenden und warte nun auf eine gedruckte Kulturgeschichte des Klopapiers von ihr – oder gibt es die schon?

Was es weiterhin gibt – sind Ihre Lektüretipps. 90 Zuschriften mit noch viel mehr Empfehlungen sind bis heute bei mir eingegangen. Bedankt.

Zum Auftakt kommt heute **Heidi Lorey** aus Steinhagen zu Wort, die, wie sie schreibt, „in diesen Zeiten nur ungern Romane über Pest und Cholera liest", stattdessen empfehle sie lieber „erbauliche Ratgeber-Bücher für den Garten" wie Melanie Oehlenbachs „Mein Stadtbalkon. Gartenglück auf kleinem Raum" „für die, die auf dem Balkon Gemüse ziehen wollen". Und für die, die rückenschonend gärtnern wollen, rät sie zu „Hoch das Beet!" von Folko Kullmann. Gegen Hamsterkäufer hilft „Chicks in the City" von Marlies Busch – ein Buch über die Haltung von Hühnern in der Stadt.

Zu etwas schwererer Kost in Sachen Lektüre rät **Rolf Hüllinghorst** aus Bielefeld mit dem gerade wieder verlegten Essay „Über Nationalismus" von George Orwell. „Auch wenn Corona alles in den Schatten stellt, sollte man sich auch den anderen Herausforderungen in unserer Gesellschaft stellen", meint der Leser und hat sicher recht, denn mir wird auch gerade schwindelig, wenn ich mir anschaue wie flugs Freiheitsrechte hier und da mal eben eingeschränkt werden. Da heißt es sehr wohl aufgepasst! Dazu passt auch der Tipp von **Irena Kyeck,** die in Lemgo lebt. Sie schlägt „Eine kurze Geschichte der Menschheit" von Yuval Noah Harari zur Lektüre vor und nennt es „ein sehr wichtiges und lesenswertes Buch in diesen Zeiten, dass uns die Augen öffnet." Sie zitiert den israelischen Autor mit den Worten: „Der Mensch hat die Fähigkeit zu schöpferischem und zu zerstörerischem Handeln wie kein anderes Lebewesen. Und die Menschheit steht jetzt an einem Punkt, an dem sie entscheiden muss, welchen Weg sie von hier aus gehen will."

Über die Liebe war in dieser Kolumne noch nicht viel zu lesen. **Brigitte Koehler** könnte für Abhilfe sorgen. Sie empfiehlt mit Christoph Meckels „Licht" eines ihrer „langjährigen Lieblingsbücher". Warum? „Weil es mir als poetische Liebesgeschichte gefällt. Es liest sich spannend wie ein Krimi und setzt sich mit der Tatsache auseinander, dass wir eines Menschen niemals ganz sicher sein können."

Reizt mich zur Lektüre, kenne Meckel bisher nur als Lyriker. Gestern gab's übrigens eine erste „Ermahnung" an mich. **Barbara Hunke** schrieb: „Machen Sie ja weiter!" Wird gemacht – und bleiben Sie gesund – alle!

Freitag, 3. April

Wer zu spät kommt, wird zum Zausel

Das kommt davon, wenn man – wie ich – vorm Lockdown der ganzen Gesellschaft nicht noch beim Frisör war. Nun seh ich auf dem Kopf langsam wie ein Zausel aus. Wer zu spät kommt, den bestraft eben der Haarwuchs. Andererseits: Sonst keine Sorgen zu haben, ist schon ein Luxus in diesen Zeiten. Also lasse ich die Haare Haare sein, freue mich stattdessen, dass sie mit 57 noch so reichlich da sind, und wende mich Ihren weiter ebenso reichlich eintreffenden Lesetipps zu.

Heute serviere ich den ersten Lektürevorschlag, der aus dem Ausland zu mir ins Home-Office gefunden hat. **Anna Brazhnikova** aus Moskau, die vor einiger Zeit ein Praktikum bei dieser Zeitung absolviert hat, empfiehlt Eugen Ruges Roman „Metropol", in dem er seine Familiengeschichte erzählt, die auch in Moskau spielt. Die Kollegin schreibt: „Diejenigen, die sich für das Leben in der Sowjetunion interessieren, das sogenannte ‚Leben der Anderen', müssen das Buch unbedingt lesen. Das Nobel-Hotel ‚Metropol' in Moskau, wo Täter und Opfer, kommunistische Funktionäre und westliche Superstars in der Stalin-Ära unmittelbar nebeneinander wohnten, ist ein Symbol der sowjetischen Repressionen. Absolut lesenswert", lautet ihr Fazit. Ich stimme zu – eines der besten deutschsprachigen Bücher über den Irrsinn der Stalin-Zeit.

Es lebe der Kontrast beim Lesen. **Sigrid Schrader** aus Steinhagen rät zur Lektüre von Nina Georges „Die Schönheit der Nacht": „ein Roman über zwischenmenschliche Beziehungen, um Veränderungen im Leben und was man/frau noch erreichen möchte". Sie selber habe eine letztrichtige Antwort darauf noch nicht gefunden, räumt sie ein, glaubt aber, eine Teil-Antwort im Buch „Die unwahrscheinliche Pilgerreise des Harold Fry" von Rachel Joyce gefunden zu haben, in dem die Hauptfigur plötzlich einfach loswandert. Kenne ich bisher nicht, aber das Fazit von Sigrid Schrader lässt aufhorchen: „So wie Harold letztendlich ankommt, werde ich auch ankommen, nur wo, weiß ich noch nicht."

Was übrigens bei mir im April nicht mehr ankommt, ist das neue, im Januar bestellte Auto. Es ist auch ein Opfer der Corona-Krise geworden, wie der Autohändler meines Vertrauens mir jetzt freundlich telefonisch mitteilte. Statt des neuen Wagens hatte Verkäufer **Alfred Springer** auf Nachfrage aber einen Literaturtipp parat: „Wenn Männer weinen". „Ein packendes Buch mit elf dramatischen Geschichten über Abstiege von Fußballklubs und die Folgen für unsere Gefühlswelt", fasst Springer zusammen. Es tröste ihn über die Spielpause hinweg „und ist absolut empfehlenswert".

Zum heutigen Schluss lädt **Jochen Adler** dazu ein, Hannes Waders Autobiografie „Trotz alledem, mein Leben" zu lesen. Er verweist darauf, dass das Buch gerade auch für Bielefelder interessant sei, weil der Liedermacher, gebürtig aus Bielefelds Stadtteil Hoberge, auch viel über seine Heimat schreibe. Tut er, da hat der Leser recht. Es ist aber auch ein wunderbares Buch über den Aufstieg eines Proletarierkindes in die bundesdeutsche Liedermacher-Szene, über die bleiernen Zeiten dieser Republik, die wilden 60er und ein schonungslos ehrlicher Text über die Auf- und Abstiege Waders. 600 Seiten pralles Leben und eine Ermunterung, es zu leben – trotz alledem. Wenn das nicht zur Krise passt. Bleiben Sie gesund.

Cool bleiben auch bei Sonnenschein

Drei Wochen Home-Office, zwei Wochen Lockdown sind vorüber. „Und nun?", fragte ich daheim. „Einfach weitermachen", sagte meine Frau trocken und erinnerte mich damit an das stoische Lebensmotto der Briten: „Keep calm and carry on!". Das ist in der Tat eine sehr vernünftige Devise für die nächste Zeit, aber auch gerade für das bevorstehende Frühlingserwachen an diesem Wochenende. Bleiben wir cool und trotz lockender, uns wohlig-wärmender Sonnenstrahlen auf Abstand zueinander – es sollen ja noch möglichst viele sonnige Jahre für möglichst viele Menschen folgen.

Doch nun zu den Büchern. **Gertraud Schröder** aus Lage rät zu „Die Tochter des Malers" von Gloria Goldreich. „Ein fesselndes Buch, das durch die Wirren der (Kriegs)-Zeit quer durch Europa bis nach New York führt – mit viel Poesie, Geschichte und Kunst", schreibt die Leserin, die verrät: „Bei der Tochter handelt es sich um die Tochter Chagalls."

Marlen Haushofers Buch „Die Wand" empfiehlt **Annegret Gerdes**. „Der Roman, den ich zwei Mal gelesen habe, was bei mir nur selten vorkommt, beschreibt eine surreale Situation, in der es ums Überleben hinter einer Glaswand geht", schreibt sie und weist zudem darauf hin, dass das Buch spannend mit Martina Gedeck verfilmt worden sei. Das Buch kenne ich nicht, aber als Fan von Martina Gedecks Schauspielkunst kann ich den Film nur empfehlen. Passt eigentümlich zu unserer Situation.

„Weil es so ein warmes, einfühlsames, spannend erzähltes Buch ist", legt uns **Helga Prybylski** aus Herford Saša Stanišic' Roman „Herkunft" nahe, für das der Autor 2019 den Deutschen Buchpreis erhielt. Der 41-Jährige erzählt darin die Geschichte seiner Familie, seiner bosnischen Mutter und seines serbischen Vaters, die 1992 mit ihrem 14 Jahre alten Sohn aus Višegrad nach Heidelberg geflohen sind. „Besonders angerührt hat mich die Darstellung seiner Großmutter", sagt Frau Prybylski am Telefon, „wohl auch, weil ich ja selbst eine mit drei Enkeln bin."

Das Leben auf Distanz zu den Kleinen und andersherum der Kleinen zu den Senioren ist sicherlich eine der härtesten Proben derzeit. Aber auch hier gilt, siehe Anfang: Durchhalten.

Weil er selbst gerade Zwangsurlaub hat, schlägt **Alexander Klöpping** aus Bad Salzuflen Tommy Jauds Roman „Resturlaub" vor. Er empfiehlt ihn auch, „weil der Held, ein Brauerei-PR-Manager aus der Bamberger Provinz, in die Weltmetropole Buenos Aires flieht, wo er sehr skurrile Geschichten erlebt und dabei in Fettnäpfchen springt, die so groß wie ganze Meere sind".

Die kennenzulernen, reizt mich ebenso wie der Tipp von **Peter Heethey** aus Verl, der das Buch „Rheinblick" von Brigitte Glaser empfiehlt. Eine Reise zurück in die 70er Jahre, in die Bonner Republik samt Mord, Liebesdramen und einem an den Stimmbändern operierten Kanzler Willy Brandt, hinter dessen Rücken sich reichlich Intrigen abspielen. „Eine gelungene Erzählung, sprachlich präzise und voller Spannung und bereichert um 50 Musikstücke, die dem Leser ein akustisches Vergnügen bieten." Da greife ich zu und wünsche Ihnen allen ein sonniges Wochenende. Bleiben sie gesund – und cool. Siehe Anfang.

Montag, 6. April

Geschichten gegen den Hass

Ich möchte Ihnen zum sonnigen Wochenstart jemanden vorstellen, der mir in den vergangenen zwölf Jahren ans Herz gewachsen ist. Es ist der Baum dort unten auf dem Foto. Auf ihn blicke ich von meinem Wohnzimmer aus. Ich mag ihn, weil er schon so alt ist, weil seine Äste so schön wild und wirr wachsen, weil er so stark und starr dasteht, weil er auch unbelaubt so eine große Ausstrahlung hat, aber auch weil er so biegsam ist und jedem Sturm – und bisher auch den Borkenkäfern – zu trotzen weiß. Eben ein toller Typ, dessen Laub nun bald wieder sprießen wird – worauf ich mich schon freue. Aber ich will sie mit meinen Naturbetrachtungen nicht zu lange aufhalten, denn auch heute gibt es wieder ein paar Ihrer Lesetipps.

Ernst Kreutz aus Espelkamp nennt **Bastian Berbners** „180 Grad – Geschichten gegen den Hass" „ein Hoffnung und Mut machendes Buch, das gut in die Osterzeit passt". Es täte gut in unserer Zeit, „in der in erschreckendem Maß Hass-Nachrichten verbreitet werden, Beispiele positiven Handelns zu lesen", betont der Leser. Spannend sei zum Beispiel ein Experiment, das aus Irland erzählt werde, wo man für eine strittige Frage durch Los ausgewählte Bürger aufgefordert habe, dem Parlament eine Beschlussvorlage zu machen. Klingt faszinierend. Finde auch ich.

Regelrecht in seinen Bann geschlagen hat den Oerlinghauser **Borwin Schultz** Karin Kalisas zweites Buch „Radio Activity", das er beim Autofahren hört. „Was sich zunächst als zeitgenössischer Roman der Protagonistin und deren Freunde über die Gründung eines Radiosenders an der Küste unseres Landes anlässt, entwickelt sich mehr und mehr zu einem spannenden Roman über ein heikles Thema, welches erst in jüngster Vergangenheit in das Bewusstsein der Menschen gedrungen ist – die #metoo-Debatte", schreibt unser Leser, der auch die Vorleserin Nora Tewes lobt.

Leida Schievink aus Bielefeld , wie ich ein Fan von „In aller Freundschaft", liest gerade Maxim Leos „Wo wir zu Hause sind" und wünscht sich, dass andere das auch tun. „Erzählt wird eine jüdische Familiengeschichte, die während der Nazizeit in alle Winde zerstreut wurde und deren Kinder und Enkel zurückfinden nach Berlin, in die Heimat ihrer Vorfahren." Eine fesselnde Geschichte zum heutigen Schluss der Lesetipps. Morgen geht's unter anderem in die Sowjetunion. Bleiben Sie gesund.

Dienstag, 7. April

„Und gleich ist es Abend"

Zahlreiche Leser wünschen sich, dass in dieser Kolumne auch die Lyrik zu Wort kommt. Kein Problem, denn es liegen ein paar Poesie-Tipps vor, und ich habe, wie einige von Ihnen ja wissen, ohnehin einen Faible für die Lyrik. Daher gestatten Sie mir, dass ich heute selbst gleich mal einen Lyrik-Tipp vorlege, weil dieses Gedicht a) so schön kurz ist, weil es b) eines meiner Lieblingsgedichte ist und weil es c) in nur drei Versen das ganze Drama unserer menschlichen Existenz ausdrückt – jedenfalls für mich. Gedichtet hat es der sizilianische Poet Salvatore Quasimodo, der 1959 den Literaturnobelpreis erhielt. Es lautet: „Ein jeder steht allein auf dem Herzen der Erde / getrof-

fen von einem Sonnenstrahl / und gleich ist es Abend."
Schmerzlich-schön, oder? Was meinen Sie?

Hier nun drei Lyrik-Lesetipps, die in den vergangenen Tagen in meinem Home-Office eingegangen sind.

„Wenn alle Serien geschaut und alle Krimis gelesen sind, empfiehlt sich zu Trost und Erbauung der gelegentliche Blick in die Poesie", schreibt unser Leser **Klaus Kosiek** aus Bielefeld sehr trefflich. Er empfiehlt den neuen Gedichtband „Wirrwarr" des „alten und weisen Dichterfürsten" Hans Magnus Enzensberger. Der ordne, lange vor Corona, das, was wir jetzt erleben, entspannt und souverän in den Alltag ein. Kosiek empfiehlt vor allem das Gedicht „Weiter nichts": „Es ist nur die Witwe des Hausbesitzers, / die im Treppenhaus hustet, / Ein paar Ameisen tasten sich durch die Ritze. / Das ist nur der Regen, / der auf den Tonnen im Hof trommelt. / Das grüne Männchen leuchtet / und weist hin auf den Notausgang. / Horch, wie der Kühlschrank ächzt! / Er ist leer wie die ausgestorbenen Straßen. / Außer der Ausgangssperre / ist alles wie immer."

Einen anderen Dichterfürstin hat **Kiki,** wie eine Leserin aus Bielefeld genannt werden möchte, im Blick. Sie rät zur Lektüre von Goethes „Reineke Fuchs". Sie schätze an diesem Gedicht die zauberhaften Namen, das Mischen von ganz wunderbaren Fabeln und Wahrheit, das Miteinander aller Spezies und die geschickt verpackte Sozialkritik in der reinsten Form gegen die Obrigkeiten.

Michael Hellwig aus Enger legt uns Till Lindemanns „100 Gedichte" sowie Thomas Frahms „Auf das Glück – Beinahelieder und Gedichte (2016-2003)" nahe. Zudem empfiehlt er mit dem von Federico Italiano und Jan Wagner herausgegebenen Band „Grand Tour – Reisen durch die junge Lyrik Europas" ein 580 Seiten umfassendes Buch, das auch ich Ihnen dringend ans Herz legen wollte, weil sich dort jeden Tag eine neue lyrische Überraschung finden lässt. „In sieben ‚Reisen' stellen die Herausgeber interessante jüngere Lyriker auch aus Ländern vor, die man als deutscher Leser in der Regel nicht im Blick hat", schreibt Hellwig und lobt, dass der Band auch die Originaltexte enthalte. Ein toller Tipp.

Übrigens, falls es Sie interessiert, das von mir vergangene Woche angekündigte Kochen 2.0 unseres achtköpfigen Kochclubs am Wochenende war eine Schau. Bleiben Sie gesund.

Mittwoch, 8. April

Es lebe die Siesta!

Mit der Sonne und den steigenden Temperaturen ist das bei mir so eine Sache. Sie bringen in mir ziemlich flott – und das auch in diesen Zeiten daheim – ein mediterranes Lebensgefühl samt dem dazugehörenden Verhalten hervor: Ein Gläschen Weißen schon gegen Mittag, einen Aperitif in der Bar gegen frühen Abend und was noch schlimmer ist, Siesta halten, also ein Mittagsschläfchen so nach dem Genuss des Weißen bis 16/17 Uhr.

Lässt sich nur nicht machen. Wir drucken zu früh. Aber über die Siesta zu lesen, ist immer drin. Damit wären wir bei meiner Buchempfehlung. Lesen Sie unbedingt das nur 92 Seiten umfassende Plädoyer für die Siesta von Thierry Paquot mit dem Titel „Die Kunst des Mittagsschlafs". Sie werden es nur wieder aus den Händen legen, um eines zu tun, Siesta zu halten. Versprochen.

Versprochen hatte ich auch ein Stück Literatur, das in der Sowjetunion spielt. **Karen Hansmeier** aus Detmold empfiehlt Sarah Quigles Roman „Der Dirigent". „Die Autorin erzählt die Entstehungsgeschichte von Dimitri Schostakowitschs wohl berühmtester, seiner 7. (Leningrader) Symphonie, die in der von den Deutschen belagerten Stadt Leningrad von völlig entkräfteten Musikern am 9. August 1942 aufgeführt wurde", fasst Hansmeier zusammen und betont: „Ein Roman, der emotional berührend Fakten und Fiktion verwebt. Vor allem aber ein Roman über die Kraft der Musik, über Durchhalten und Hoffnung."

Kleine Anmerkung von mir: auch Julian Barnes hat bereits 2017 mit „Lärm der Zeit" einen faszinierenden Roman über den russischen Komponisten vorgelegt. Ebenfalls sehr lesenswert.

Ein Buch, von dem ich bisher noch nichts gehört habe, das mich aber durchaus reizt, empfiehlt **Claudia Laugstien** aus meiner Nachbarschaft in Bielefeld-Hoberge und zwar den Roman von Dai Sijie „Balzac und die kleine Schneiderin". „Ein wunderschönes kleines Buch, eine Liebeserklärung an die Literatur, an eine Frau, die kleine Schneiderin, an das Leben vor dem Hintergrund der sogenannten Kulturrevolution. Ein Buch, welches die Freiheit, die Begegnung feiert, wie Lesen die Welt eröffnen kann und selbst in entlegenen Bergdörfern Chinas Gedankenrevolutionen auslösen kann", so unsere Leserin geradezu enthusiastisch.

Mit dem Stoßseufzer „Herr, schick Zeit vom Himmel zum

Schmökern" kommentiert **Gerd-Heinrich Nahrwold** aus Lübbecke die vielen Lesetipps in dieser Kolumne. Recht hat er und erzählt, dass er zur Entspannung mal wieder zu den Krimis von Sjöwall/Wahlöö gegriffen habe und zwar den letzten Band „Die Terroristen", den er gerne lese, wie alle Bände wegen der Spannung und der genauen Schilderung der sozialen Milieus.

Dazu ein Geständnis meinerseits – ich habe die Kult-Krimis nie gelesen, obwohl sie in jeder WG standen, in der ich in den 80ern verkehrte.

Aber so ist das eben, wenn der Herr nicht genug Zeit zum Schmökern vom Himmel schickt und Krimis ohnehin nicht weit vorne auf der Leselustliste stehen. Vielleicht wird's ja jetzt was. Auf jeden Fall herzlichen Dank für den nicht versiegenden Strom an Lese-Tipps. Bleiben Sie gesund. Es macht Spaß mit Ihnen in dieser sonderbaren Zeit – auch ohne Siesta.

Donnerstag, 9. April

Dietrich Bonhoeffer zu Ehren

Heute vor 75 Jahren wurde der evangelische Theologe und Pfarrer Dietrich Bonhoeffer (1906-1945) von den Nazis im KZ Flossenbürg zusammen mit anderen Widerstandskämpfern des 20. Juli erhängt.

Unsere Leserin Eva Steffens gedenkt des Anhängers der Bekennenden Kirche, der mutig gegen die Nazis stritt und den Widerstandskämpfern des 20. Juli 1944 angehörte, in dem sie zu seinem Buch mit dem Titel „Brautbriefe Zelle 92" greift. Zu ihrer Wahl schreibt sie: „Von 1943 bis 1945 schrieben sich Bonhoeffer und seine Verlobte Maria von

Wedemeyer innige, sehr nachdenklich stimmende, und unglaublich bewegende Briefe. Auch ein Buch, das uns die jetzigen Zeiten und Umstände anders bewerten lässt." Unsere Leserin verweist zudem auf Bonhoeffers Gedicht „Von guten Mächten", das er aus dem Kellergefängnis des Reichssicherheitshauptamts in Berlin, Prinz-Albrecht-Straße, am 19. Dezember 1944 an seiner Verlobte schickte. Zur Erinnerung an diesen mutigen Mann sei es hier heute abgedruckt:

„Von guten Mächten treu und still umgeben,
behütet und getröstet wunderbar,
so will ich diese Tage mit euch leben
und mit euch gehen in ein neues Jahr.
Noch will das alte unsre Herzen quälen,
noch drückt uns böser Tage schwere Last.
Ach Herr, gib unsern aufgeschreckten Seelen
das Heil, für das du uns geschaffen hast.
Und reichst du uns den schweren Kelch, den bittern
des Leids, gefüllt bis an den höchsten Rand,
so nehmen wir ihn dankbar ohne Zittern
aus deiner guten und geliebten Hand.
Doch willst du uns noch einmal Freude schenken
an dieser Welt und ihrer Sonne Glanz,
dann woll'n wir des Vergangenen gedenken,
und dann gehört dir unser Leben ganz.
Lass warm und hell die Kerzen heute flammen,
die du in unsre Dunkelheit gebracht,
führ, wenn es sein kann, wieder uns zusammen.
Wir wissen es, dein Licht scheint in der Nacht.

Wenn sich die Stille nun tief um uns breitet,
so lass uns hören jenen vollen Klang
der Welt, die unsichtbar sich um uns weitet,
all deiner Kinder hohen Lobgesang.
Von guten Mächten wunderbar geborgen,
erwarten wir getrost, was kommen mag.
Gott ist bei uns am Abend und am Morgen
und ganz gewiss an jedem neuen Tag."

Ich verneige mich nicht nur heute vor diesem Mann, seinem Mut, Gottvertrauen und seiner Zuversicht, mit der er auch in finsterer Zeit in die Zukunft schaute. Empfehlen möchte ich noch ein neues Buch. Jürgen Werth hat unter dem Titel „Lieber Dietrich... Dein Jürgen - Über Leben am Abgrund – ein Briefwechsel mit Bonhoeffer" einen fiktiven Briefwechsel mit Bonhoeffer verfasst. Ich fand das gewagt – doch es ist dem Autor bestens gelungen. Bleiben Sie gesund.

Freitag, 10. April
Frohe Ostern!

Seit 26 Jahren arbeite ich für diese Zeitung – und die meisten Jahre habe ich zumindest am Ostermontag Dienst gehabt. In diesem Jahr nicht. Vier freie Tage daheim – ohne Home-Office – stehen bevor. Was ich tun werde? Eine kleine Wanderung ist geplant. Kochen werde ich auch. Der erste Spargel der Saison will gegessen sein. Einige Bücher warten auf mich. Ansonsten werde ich mich schlichtweg dem Müßiggang hingeben, wenn Sie gestatten. Wie schrieb schon Lessing so treffend: „Laßt uns faul in allen Sachen / Nur nicht faul zu Lieb' und Wein / Nur nicht faul zur Faulheit sein." Bevor ich dem großen Autor nun gehorche, folgen Ihre Lesetipps.

Die in Lage beheimatete **Edda Koch** rät zu dem Buch „Mit 50 Euro um die Welt" von Christopher Schacht. Zu ihrer Wahl schreibt sie: „Der Autor ist erst 19 Jahre alt, als er eine verrückte Idee in die Tat umsetzt: Mit nur 50 Euro Urlaubsgeld reist er allein um die Welt." Humorvoll und mitreißend erzähle er von seinen unglaublichen Erlebnissen und verrät, was er unterwegs über das Leben, die Liebe und Gott gelernt habe. „Ich konnte zuletzt nicht mehr aufhören zu lesen, so spannend war das Buch."

Mit Miguel de Cervantes Saavedras „Don Quijote von der Mancha" schlägt **Dietrich Immel** aus Bielefeld einen Klassiker der Weltliteratur zur Lektüre vor. „Man braucht einen langen Atem für diese Geschichte eines Mannes, der sich entscheidet, Teil einer Fantasiewelt aus Ritterromanen zu sein, und in schier endlosen Gesprächen mit seinem ‚Knappen' Sancho Panza ausbreitet, wie er die Welt sieht, der er sich bis zur Schmerzgrenze verweigert. Ein visionärer, ein zeitloser Roman!" Eine schöne Anregung, bin ich doch nie weit gekommen mit diesem Werk. Vielleicht wegen der Übersetzung. Unser Leser empfiehlt die von Susanne Lange als „gut lesbar".

Apropos dicke Bücher. Dazu hat **Christiane Heuwinkel** aus Bielefeld eine klare Haltung: „Normalerweise schrecken mich dicke Bücher eher ab." Mit Skepsis habe sie daher zunächst zur Biografie der schwedischen Malerin Hilma af Klint von Julia Voss mit dem Titel „Die Menschheit in Erstaunen versetzen" gegriffen. Doch nun urteilt sie so: „Eine mitreißende, manchmal geradezu romanhafte Erzählung, die zeigt, dass nichts so verrückt ist wie die Realität." Hintergrund des Buches bildet die Spekulation, nicht Kandinsky, Mondrian oder Malewitsch hätten das erste abstrakte Bild gemalt, sondern Jahre vor ihnen Hilma af Klint. Im März ist ein Film über die späte Entdeckung erschienen: „Jenseits des Sichtbaren".

Zwei Fast-Klassiker empfiehlt **Herbert Busch-Prüing** aus Herford mit Michael Endes „Momo" und „Die Entdeckung der Langsamkeit" von Sten Nadolny. „Wer es nicht entschleunigt möchte", dem rät er zum Roman „Unrast" von Literaturnobelpreisträgerin Olga Tokarczuk.

Dann ist da noch **Elisabeth Menzel,** die mich angerufen hat. Die 93-Jährige aus Sennestadt hat die Kolumne gelobt, gesagt, dass sie mich gerne einmal treffen würde, und mir mit fester klarer Stimme ein titelloses Gedicht vorgelesen, von dem sie nicht wisse, wer es geschrieben habe. Ich kannte es auch nicht, versprach aber zu forschen und war vor allem gerührt ob ihrer Lesung für mich. So berührt wünsche ich Ihnen frohe Ostern und bleiben Sie gesund. Wir lesen uns Dienstag wieder.

Dienstag, 14. April

„Sieh, wie wenig du brauchst"

Im Grunde genommen wissen wir ja, dass vieles nach dem wir in unserem Leben so streben und trachten, überflüssiger Tand ist. Gerade in Wochen wie diesen wird einem das bewusster denn je. Sehr trefflich hat das für mich die Dichterin Mascha Kaléko in diesen Versen aus ihrem Gedicht „Rezept" ausgedrückt: „Jage die Ängste fort. / Und die Angst vor den Ängsten. / Für die paar Jahre / Wird

wohl alles noch reichen. / Das Brot im Kasten / Und der Anzug im Schrank. // Sage nicht mein. / Es ist dir alles geliehen. / Lebe auf Zeit und sieh, / Wie wenig du brauchst. / Richte dich ein. / Und halte den Koffer bereit."
Zeilen, die mich sehr nachdenklich stimmen. Überhaupt empfehle ich Ihnen heute zur Eröffnung der Lesetipps die eben zitierte Autorin zur Lektüre. Wer alles von ihr lesen möchte, der greift zur vierbändigen Werkausgabe, die 2012 bei dtv erschienen ist. Lesestoff satt für viele Tage. Jetzt kommen wir zu Ihren Tipps, die weiterhin zahlreich in meinem Home-Office landen.

Christina Lemster-Bach aus Gütersloh ist die erste, die Romane von T.C. Boyle in Gespräch bringt, „weil er ein Spezialist für schräge und absurde Lebenssituationen ist." Sie rät nicht nur zu „Die Terranauten", sondern vor allem zu seinem Roman „Wassermusik" über den schottischen Afrikareisenden Mungo Park, der 1796 als erster Europäer den Niger gesehen hat, an dem er bei einer zweiten Reise ums Leben kommt. Boyle schreibe bunt, deftig und fantastisch, so das Urteil unserer Leserin, die betont: „Starker Tobak, passt aber in der gegenwärtigen Situation nach dem Motto ‚Schlimmer geht immer'".

„Ein ermutigendes Buch, das ich von ganzem Herzen empfehlen möchte", so bewertet **Gesine Klack** aus Versmold ihren Lesetipp, in dem sie zur Lektüre von Laetitia Colombanis Roman „Das Haus der Frauen" einlädt. „Das Buch erzählt davon, wie es Blanche Peyron als aktives Mitglied der Heilsarmee 1925 gelingt, ein großes Hotel zu erwerben, um unbehausten Frauen eine Unterkunft zu ermöglichen und davon wie im Paris der Gegenwart eine depressive Anwältin wieder einen Sinn im Leben findet, weil sie sich um die Bewohnerinnen dieses Hauses kümmert."

Kümmern ist ein gutes Stichwort. **Maria Reckmann** aus Bielefeld bekümmert es, dass ich bei Krimis nicht so schnell zugreife. Sie empfiehlt mir daher die in Paris spielenden Krimis von Fred Vargas und nennt sie „eine schöne Ablenkung von der Schwere unserer aktuellen Alltäglichkeit. Ich habe die Bücher mindestens schon viermal gelesen und entdecke sie immer wieder neu. Ein absoluter Lesegenuss." Ob ich irgendwann doch zugreife? Wir werden sehen.

Zu einem Kalenderbuch, das 365 Autorenporträts versammelt, mit dem Titel „Woran sie glaubten – wofür sie lebten: Vorbilder für die 365 Tage des Jahres" rät uns **August Nagel,** der in Detmold daheim ist. „Gerade jetzt baut es auf, es zeigt in vielen Biografien, dass gerade schwierige Umstände positive Gedanken auslösen können, wenn man nur will und sie auch sucht."

Zu „Das kleine Handbuch des Stoizismus: Zeitlose Betrachtungen um Stärke, Selbstvertrauen und Ruhe zu erlangen" von Jonas Salzgeber rät zum Ende der Kolumne **Uwe Strachau** aus Melle, der schreibt: „Wenn es einem gelingt, der sprichwörtlichen ‚stoischen Gelassenheit' zumindest nahezukommen und täglich daran arbeitet, wird man zum Fels in der Brandung, den so schnell nichts mehr erschüttern kann – auch eine Pandemie nicht!" Ein schönes Schlusswort. Bleiben Sie gesund.

Lyrik live und an diesem Ort

Mit Zahlen habe ich es nicht so. Aber ich freue mich, Ihnen heute die bereits 20. Kolumne mit Ihren Lesetipps präsentieren zu können. Zudem habe ich nachgezählt. Inklusive der heutigen Ausgabe haben nun 88 Leserinnen und Leser mehr als 100 Buchtipps vorgestellt. Eine regelrechte „Corona-Bibliothek" ist so entstanden, wenn ich sie denn so nennen darf. Derzeit denke ich darüber nach, ein Buch daraus zu machen. Aber das ist Zukunftsmusik. Jetzt geht es erst mal zu ihren Lektüretipps.

Joachim und **Orlinde Radkau** aus Bielefeld empfehlen Petra Bahrs „Paul Gerhardt – Leben und Wirkung, Geh aus, mein Herz". Über ihre auf den ersten Blick ungewöhnliche Wahl schreiben sie: „Wir sind beide von dem Buch ganz entzückt; es animiert uns dazu, morgens gemeinsam die schönsten Paul-Gerhardt-Lieder zu singen." Um an dem Buch Freude zu haben, brauche man überhaupt nicht fromm zu sein, nur das Singen und die Natur zu lieben, schreiben sie weiter und betonen: „Gerade in dieser angstvollen Zeit bewegt es besonders, wie dieser Mann, der die Schrecken des Dreißigjährigen Krieges erlebte, zugleich so freudvolle Lieder zu dichten vermochte."

Mit Lyrik tröstet sich in dieser „traurigen Corona-Pandemie" **Hans Günter Spieshöfer,** der auch in Bielefeld beheimatet ist. Vor allem Theodor Storms und Bertolt Brechts Gedichte haben es ihm angetan. Mitgesandt hat er Brechts kurzes Gedicht „Der Rauch", das hier zitiert sei: „Das kleine Haus unter den Bäumen am See / Vom Dach steigt Rauch / Fehlte er / Wie trostlos dann wären / Haus, Bäume und See." Für unseren Leser macht es deutlich, „dass wir Teil der Schöpfung sind und dass Entschleunigung auch Sinnlichkeit hervorruft".

Kleine Ergänzung von mir: Das Gedicht ist Teil des Gedichtzyklus Buckower Elegien (1953 geschrieben), dessen Gedichte für mich allesamt zu den schönsten gehören, die Brecht hervorgebracht hat.

Zur Lektüre der Gedichte Eduard Mörikes rät **Andreas Duderstedt** aus Lemgo. „Viele seiner Gedichte gehören zum Bedeutendsten, was an deutscher Lyrik geschrieben wurde. Sie zeichnen sich übrigens durch außerordentliche Vielfalt aus – kraftvoll-zarte Naturbilder, bissig Sarkastisches, subtile oder auch drastische Erotik, Volkslieder, liebevolle Idyllen, innige Gebete und vieles mehr", schreibt unser Leser und empfiehlt Mörikes „In der Frühe": „Kein Schlaf noch kühlt das Auge mir, / Dort gehet schon der Tag herfür / An meinem Kammerfenster. / Es wühlet mein verstörter Sinn / Noch zwischen Zweifeln her und hin / Und schaffet Nachtgespenster. / – Ängste, quäle / Dich nicht länger, meine Seele! / Freu dich! schon sind da und dorten / Morgenglocken wach geworden." Verse, die etwas Tröstliches haben.

Zum Schluss möchte ich Ihnen einen Hörtipp ans Herz legen. Der Paderborner Schauspieler **Max Rohland** trägt in Zusammenarbeit mit **Oliver Stümann** seit Montag täglich im Netz ein Gedicht vor. Die beiden nennen ihr Programm ein „kleines Divertissement in diesen seltsamen Zeiten". Eine großartige Idee. Unbedingt reinhören, sage ich. Zu Rohlands Versmalerei geht's unter http://maxrohland.de/unser-taeglich-gedicht-gib-uns-heute/. Lyrik von Schiller, Kaléko, Fried und anderen ist schon versammelt. Bleiben Sie gesund.

Donnerstag, 16. April

Wilde Vögel in seltsamer Zeit

Mit dem legendären Satz „Houston wir haben ein Problem gehabt", den Hollywood in der Verfilmung mit Tom Hanks zu „Houston wir haben ein Problem" verkürzte, machten die Astronauten der Apollo-13-Mission auf eine Explosion in ihrer Kapsel auf dem Weg zum Mond aufmerksam. 50 Jahre ist das jetzt her.

Auch ich habe ein Problem. Es ist nicht das isolierte Arbeiten im Home-Office, das nun in der fünften Woche andauert. Nein, seit ein paar Tagen attackiert ein possierliches Schwanzmeisen-Pärchen unsere Fenster. Sie fliegen wie wild gegen sie an und hacken gar wütend auf die Scheiben ein. Ständig ist ein lautes, sehr nerviges Tock-Tock aus allen möglichen Ecken der Wohnung zu hören. Houston konnte damals mit einem gewagten Manöver die Astronauten zur Erde zurückbringen. Wer aber kann mir helfen? Was ist los mit diesen gefiederten Freunden? Lässt Hitchcock grüßen?

Ablenkung vom ständigen Tock-Tock bieten ja zum Glück Ihre Lesetipps – wie der von **Claudia Rickert** aus Bielefeld, die uns zu Meike Winnemuths „Wie ich bei Günther Jauch eine halbe Million gewann und einfach losfuhr" rät. Über das Buch der Journalistin schreibt sie: „Wer nun meint, dass die Autorin von Shopping-Trips und den Luxushotels der Jet-Set-Regionen dieser Welt berichtet, wird glücklicherweise schwer enttäuscht." Winnemuth habe stattdessen jeweils einen Monat in ganz unterschiedlichen Städten auf der ganzen Welt verbracht, sich mit diesen befasst und sich mal mehr, mal weniger mit ihnen angefreundet. Fazit unserer Leserin: „Dabei hat sich nicht nur die Autorin besser kennengelernt, auch wir können von ihren Erkenntnissen profitieren." Nicht schlecht.

Nach Kanada blickt die Bielefelderin **Inge Selle** und schlägt den Roman „Hexensaat" von Margret Atwood vor, der die Geschichte eines erfolgreichen „Theatermachers" erzähle, „der wegen einer Intrige seiner engsten Mitarbeiter, spät, aber wirkungsvoll Rache nimmt." Macht mich neugierig...

Hans Feuß aus Harsewinkel schlägt mit Evi Simeonis „Schlagmann" und Friedrich Christian Delius „Der Sonntag, an dem ich Weltmeister wurde" zwei „Sportromane" vor „als Ausgleich für den zusammengebrochenen Sportbetrieb". Er habe beide mit Begeisterung gelesen. Das kann ich für den letzteren von mir auch sagen. Der erzählt fesselnd wie ein elfjähriger Pastorensohn am Radio bei der Übertragung des legendären WM-Endspiels 1954 mitfiebert. Ein Roman, der einen die pandemische Gegenwart sofort vergessen lässt. Zugreifen.

Zugreifen werde ich angesichts meiner Negativ-Erfahrungen mit den Schwanzmeisen bei zwei Lesetipps, die **Georg-Dietrich Kunzendorf** uns geschickt hat. Er empfiehlt Johanna Rombergs Buch „Federnlesen. Vom Glück, Vögel zu beobachten". Vielleicht bringt mir das ja die Lust eben daran zurück. Und wenn nicht, dann wende ich mich den Hummeln zu. Dazu empfiehlt selbiger Leser

„Und sie fliegt doch. Eine kurze Geschichte der Hummel" von Dave Goulson mit den Worten: „Nicht nur informativ, sondern ein Lesevergnügen." Was will man mehr. Bleiben Sie gesund.

Freitag, 17. April

Eine Perle von einem Buch

Die Tage schrieb ich an dieser Stelle vom mediterranen Lebensgefühl, das in mir erwacht, sobald die Sonne mich erwärmt. Deshalb sollte es Mitte Mai auch wieder nach Mallorca gehen – zum Seele baumeln lassen. Das fällt jetzt aus. Abgesagt und vertagt – weswegen wohl?

Aber zum Hinwegtrösten gibt es ja Bücher, die in andere Welten entführen. Und da wollte ich Ihnen schon von Anbeginn der Lesetipps an unbedingt Klaus-Jürgen Liedtkes wunderbares „Die Ostsee – Berichte und Geschichten aus 2.000 Jahren" ans Herz legen. Auf 650 Seiten hat der in Bielefeld aufgewachsene Autor mit ostpreußischen Wurzeln akribisch und mit viel Freude Texte aus allen Zeiten, in allen Stilformen von bekannten und unbekannten Autoren zusammengetragen, die sich mit dem Lebensraum Ostsee und dem Meer daselbst befassen. Ein Buch mit literarischem Tiefgang, ein Buch zum Ein- und Abtauchen, in dem die Texte wie an einer Perlenschnur aufgereiht auf ihre Entdeckung warten, ein Buch, durch das man getrost wie auf einem Zickzackkurs hindurchtauchen kann, um irgendwann reich beschenkt wieder aufzutauchen und festzustellen, dass das mit dem abgesagten Malle-oder-sonstwohin-Urlaub gar nicht so schlimm ist.

Mit nach Griechenland nimmt uns der Lektüre-Tipp von **Christoph zur Weihen** aus Bielefeld. Er empfiehlt Bruno Hellers Buch „Griechenland kreuz und quer". Unser Leser nennt das Werk des 90-jährigen Pädagogen und Philosophen „wunderschön". Heller blicke auf die Jahrzehnte seiner Hellas-Fahrten zurück. Man erfahre Überraschendes, manchmal gar Abenteuerliches, Humorvolles und Nachdenkliches über „das Lachen und den Ernst" der Griechen. Fazit: „Diese Liebeserklärung an Griechenland empfand ich (in Corona-Zeiten endlich einmal positiv verwendet) als ,äußerst ansteckend'." Klingt verheißungsvoll.

Nach Verreisen klingt auch der Titel „Rosalie und der Duft der Provence", geschrieben von Julie Lescaut und vorgeschlagen zur Lektüre von **Daniela Dirks** aus Lemgo. Sie schreibt: „Rosalie ist eine temperamentvolle, etwas unkonventionelle junge Friseurin, die mit Herz und Verstand knifflige Fälle löst und das sonnige, leichte Flair der Provence, das man jetzt so gut gebrauchen kann, auch mitbringt."

Ein Reisebuch hat auch der Bielefelder **Ulrich Schmidt** parat. Er legt uns das von Josiah Gilbert & George C. Churchill verfasste Buch mit dem Titel „Die Entdeckung der Dolomiten" ans Herz. „Das Werk erzählt, wie Südtirol als Urlaubsregion entdeckt wurde – natürlich von Engländern, die Mitte des 19. Jahrhunderts bekanntlich die Reiseweltmeister waren", so Schmidt. Ob sie auch damals schon im Wettstreit mit unseren Landsleuten um Liegen lagen? Ich werde bestimmt reinlesen und bin dem Leser noch aus einem anderen Grund dankbar. Nämlich für seinen Tipp, wie ich mich womöglich dem nervenden Schwanzmeisen-Pärchen, das immer gegen meine Fenster hämmert (Kolumne von gestern), erwehren könnte. Er rät dazu, ihnen mit dem Jazzstück „Meise vorm Fenster" von Albert Mangelsdorff „Kontra zu geben". Zu finden auf der CD des „United Jazz + Rock Ensemble". Titel: „Na endlich". Klingt gut. Bleiben Sie gesund!

Samstag, 18. April

Zum Schluss das Wetter

Zum Wochenende macht die Gütersloherin **Monika Reschke,** treue Leserin der Lesetipps, Freunden dieser Kolumne ein Geschenk. In ihrem Besitz sind 20 sehr gut erhaltene Exemplare der Anthologie „Deutsche Lyrik unseres Jahrhunderts", die 1992 bei Bertelsmann erschienen ist. Ein 750-seitiges Standardwerk zur Lyrik dieses Landes – herausgegeben von ihrem Mann Rudolf Helmut Reschke, der als Lektor, Herausgeber und Lyriker für verschiedene Verlage des Bertelsmann-Konzerns tätig war. „Ich möchte angetan von dieser Kolumne gerade den Lyrikfreunden eine Freude machen", sagt unsere Leserin über ihre Aktion. Ich nenne das eine schöne Idee. Wer Interesse an den Bänden hat, der schreibt mir an meine unten stehende E-Mail-Adresse. Gehen mehr als 20 Anfragen ein, entscheidet das Los, wer ein Exemplar erhält.

Los geht es nun auch mit Ihren Lesetipps. Die Bielefelderin **Gisela Friedrich,** ehemalige Geigenlehrerin, rät zu dem Buch „Beethoven für eine spätere Zeit" von Edward Dusinberre. „Weil es ein tolles Buch ist, weil es mit seiner faszinierend erzählten Annäherung an Beethoven perfekt zum Beethovenjahr (250. Geburtstag) passt und weil es auch zahlreiche anekdotische Einblicke in das Innenleben eines Orchesters ermöglicht", fasst sie ihre Empfehlung zusammen.

Mit dem Tipp von Familie Radkau aus den vergangen Tagen, eine Annäherung an Paul Gerhardt zu lesen, kam erstmals ein Autor aus der Zeit des 30-jährigen Krieges in dieser Kolumne zum Zuge. **Thomas Runte** aus Spenge knüpft an die Zeit an und legt uns „Der abenteuerliche Simplicissimus Deutsch" von Hans Jacob Christoffel von Grimmelshausen nahe. Warum? Dazu heißt es bei ihm: „Wenn man sich beim Lesen des Buches in die damaligen Zeiten des 30-jährigen Krieges hineinversetzt, kann man feststellen, dass die heutigen Zeiten trotz Corona wunderschön sind und dass meistens auf ganz hohem Niveau gestöhnt wird." Könnte was dran sein. Was meinen Sie?

„So ein richtig dickes Buch zum Ein- und Wegtauchen", legt uns **Heike Carstensen** aus Bielefeld ans Herz und zwar „Effingers" von Gabriele Tergit. Die Erzählung beginnt in der Kaiserzeit in den 1870er-Jahren und endet mit einem Epilog, der die Lebensverhältnisse in Berlin kurz nach Ende des Zweiten Weltkrieges beschreibt. Zwei Söhne eines jüdischen Uhrmachers suchen ihr Glück in Berlin, heiraten, gründen dort eine Fabrik. Über mehrere Generationen begleite man die Protagonisten, erhalte sehr lebendigen Geschichtsunterricht, fasst unsere Leserin zusammen und urteilt: „Sie wachsen einem ans Herz und man mag sie gar nicht gehen lassen. Ein Buch, das einem Trennungsschmerz beschert, schon bei den letzten paar Seiten. So zumindest ist es mir ergangen."

Das Schlusswort hat heute **Andreas Hüser** aus Paderborn, der zu Jürgen Beckers Gedichtband „Dorfrand mit Tankstelle" rät und dessen Gedicht „Wetterbericht" zitiert: „Keine Leute gesehen. Zuhause / mache ich das Radio an ... es warnt, / Unwetter, Blitzeis etc. Draußen / war es so angenehm, milde, still / und leer in den Straßen." „Passt in unsere Tage", meint unser Leser. Stimmt. Schönes Wochenende. Bleiben Sie gesund.

Montag, 20. April

Schmerzende Zeilen

Bitte verzeihen Sie mir, dass die Kolumne heute dunkel und auch nicht im Plauderton beginnt. Heute vor 50 Jahren hat sich der große, 1920 geborene Dichter Paul Celan in Paris selbst getötet. Mein Gütersloher Kollege Rolf Birkholz, selbst ein guter Lyriker, erinnert an den Autor aus Czernowitz, indem er Thomas Sparrs sehr lesenswertes und anschaulich geschriebenes Buch „Todesfuge. Biographie eines Gedichts" unten auf dieser Seite vorstellt. Eine große Würdigung Celans werden wir zu seinem 100. Geburtstag am 23. November vornehmen.

Ich selbst möchte des Schriftstellers heute gedenken, in dem ich sein nur wenige Zeilen umfassendes, 1963 verfasstes Gedicht „Stehen" zitiere. Warum dieses? Weil es mich regelrecht schmerzt, wenn ich es lese:

„Stehen, im Schatten
des Wundenmals in der Luft.
Für-niemand-und-nichts-Stehn.
Unerkannt,
für dich
allein.
Mit allem, was darin Raum hat,
auch ohne
Sprache."

Nun den angemessenen Ton zu finden, ist nicht leicht. Am besten ich vollziehe einen radikalen Bruch. Da kommen die Lesetipps von **Heike Boeckhaus** aus Schloß Holte-Stukenbrock sehr gelegen. Ihre Tipps entführen uns allesamt in Flora und Fauna. Sie empfiehlt von Brigitte Kleinod und Friedhelm Strickler „Schön wild! – Attraktive Beete mit heimischen Wildstauden im Garten – 22 Gestaltungsideen für jeden Standort", „Haufenweise Lebensräume – Ein Lob der Unordnung im Garten – Naturschutz im Garten, Artenvielfalt, Gestaltung" von Sigrid Tinz und „Tiere pflanzen – Faszinierende Partnerschaften zwischen Pflanzen und Tieren. 18 attraktive Lebensräume im Naturgarten gestalten" von Ulrike Aufderheide. Warum sie zu diesen Titeln rät, verrät sie auch: „Alles Bücher mit übersichtlicher Seitenanzahl, die man als ‚Schmöker' von der ersten bis zur letzten Seite lesen oder als Nachschlagewerke nutzen kann." Wie praktisch.

Gleich zwei Werke von Thomas Mann kommen nun ins Spiel. **Uli Horaczek** aus Bielefeld legt uns dessen Roman „Felix Krull – Bekenntnisse eines Hochstaplers" ans Herz. „Gar erbaulich in diesen Zeiten", nennt er dessen

Lektüre. Besonders sagt unserem Leser die Szene zu, in der der Autor seinen 14-jährigen Helden seinen ersten Theaterbesuch beschreiben lässt. Die werde ich am Wochenende mal lesen.

Zum Mann'schen „Zauberberg", den **Wolfgang Schroeter,** Autor des Buches „Albert Speer – Aufstieg und Fall eines Mythos", zur Lektüre empfiehlt, werde ich in den nächsten Tagen wohl eher nicht kommen. Unser Leser rät zu dem großen Werk Manns mit den Worten: „Wie wir registriert der Protagonist die Besonderheiten einer für ihn neuen, von der Realität isolierten Welt der Schweizer Berge, in der sich die ersten drei Wochen – reflektierend aber kurzweilig erzählt – auf 300 Seiten hinziehen wie die plötzlich gestoppte Zeit in unserer Corona-Krise."

Ja, unsere seltsame Zeit fühlt sich an der Tat gerade an wie angehalten, auch wenn jetzt wieder mehr geshoppt werden darf. Wer's braucht. Bleiben Sie gesund.

Dienstag, 21. April

Schule der Trunkenheit statt Pils am Tresen

Als ich mich neulich des Abends mit einem Gläschen Wodka benebelte, einfach weil ich Lust dazu hatte, fiel mir meine Uroma Marie ein. Die habe ich nicht mehr bewusst kennengelernt, starb sie doch nur einen Monat nach meiner Geburt. Doch die Familienlegende schreibt ihr so einige schöne Geschichten zu, darunter die, dass sie täglich einen Korn trank. Ab welchem Alter sie das tat, ist nicht überliefert. Aber Fakt ist, dass sie 91 Jahre alt wurde. Ob sie in der Corona-Krise ihre Dosis erhöht hätte, bleibt hingegen reine Spekulation.

Aber eines kann ich sagen, dass seit Wochen meine Lieblingskneipe dicht hat, in der das Bier schon auf dem Tresen steht, wenn ich gerade erst den Schankraum betreten habe, das geht mir nach nun sechs Wochen Lockdown doch schwer ab. Da fehlt ein Stück Heimat – und das ganz gewaltig.

Zum Glück gibt es ein schönes Buch, das diesen Verlust gerade noch erdulden hilft. Es hat den schönen Titel „Die Schule der Trunkenheit". Verfasst haben es Kerstin Ehmer und Beate Hindermann. Ein Kollege hat über das Werk die treffenden Zeilen geschrieben: „Zu anregend, um es nüchtern zu lesen, aber historisch zu ausschweifend, um es nach drei Drinks zu verstehen." Damit ist wirklich alles gesagt. Greifen Sie zu. Sie werden es nicht bereuen – wie Uroma den Korn nicht.

Zu diesem Themenkomplex passt auch sehr schön der Lesetipp von **Thomas Landau** aus Bielefeld, der das von Frank Tippelt und Willibald A. Bernert verfasste Buch „Kneipen, Kult und Kakerlaken" empfiehlt. Er schreibt dazu: „Die beiden Autoren streifen durch die Bielefelder Kneipen vergangener Jahrzehnte und servieren gekonnt Anekdoten aus alten Tagen. Dazu gibt es wunderbare Bilder – ein großes Lesevergnügen!" Ja, Erinnerungen sind was Schönes – jedenfalls meistens.

Zu dem dystopischen Roman „Fireman" von Joe Hill, Sohn von Stephen King, rät **Michael Müller** aus Paderborn, der so über das Werk urteilt: „Dem Autor gelingt mit seinem umfangreichen Roman eine düstere Zukunftsbeschreibung um den Zusammenbruch der Zivilisation nach einer sich rasant verbreitenden Krankheit." Der Titel passe in diese Tage, „da er nicht nur eine Pandemie beschreibt, sondern wie Menschen langfristig auf die Kranken reagieren und ihre (Mit-)Menschlichkeit verlieren. Spannend!" Hoffen wir, dass wir uns unsere bewahren. Das wird mir sonst zu spannend.

Zum Schluss noch dies. 35 Lyrikfreunde haben mir geschrieben, weil sie den schön aufgemachten Band der Anthologie „Deutsche Lyrik unseres Jahrhunderts" gerne haben möchten, den **Monika Reschke** den Leserinnen und Lesern dieser Kolumne angeboten hatte. Da nur 20 Exemplare zur Verfügung stehen, muss jetzt das Los entscheiden. Seien Sie also gespannt, ob Sie in den nächsten Tagen zu den Glücklichen gehören, die ein Päckchen von Frau Reschke aus Gütersloh erhalten, die sich übrigens sehr gefreut hat über die starke Nachfrage nach dem von ihrem Mann herausgegebenen Buch und die vielen freundlichen Worte. Habe ich mich auch. Bleiben Sie gesund.

Mittwoch, 22. April

Achtung, Borkenkäfer!

Mit der Esoterik habe ich es nicht, aber mit dem von Shakespeares Hamlet geäußerten Satz „Es gibt mehr Dinge zwischen Himmel und Erde, als Eure Schulweisheit sich erträumen lässt", kann ich viel anfangen. Vielleicht sollte ich mich daher auch offener zeigen für das isländische Forstamt.

Von dort kommt jetzt dieser Vorschlag in Zeiten der sozialen Distanzierung: Bäume zu umarmen. Einer der Förster beschreibt das Erlebnis so: „Wenn du einen Baum umarmst, fühlst du es zuerst in deinen Zehen, dann in den Beinen, in deiner Brust und schließlich in deinem Kopf." Zudem empfiehlt er, dabei die Augen zu schließen. Die Folgen der Umarmung: „Das ist so ein wundervolles Gefühl von Entspannung. Danach bist du klar für einen neuen Tag und neue Herausforderungen." Na dann ab in die Gärten und Wälder und... Aber Achtung: die Borkenkäfer sind schon wieder mächtig aktiv.

Zur isländischen Eröffnung passt sehr schön der Lesetipp von **Marie Meincke** aus Lübbecke. Sie rät zu einer Trilogie des Isländers Jon Kalman Stefansson. „Ich fand sie einfach herzergreifend schön", schreibt unsere Leserin, obwohl die Titel „Himmel und Hölle", „Das Herz des Menschen" und „Der Schmerz der Engel" eher anderes erahnen lassen. Dazu sagt die Tippgeberin: „In Zeiten von immer noch Corona- Ängsten sind wir doch hin und her gerissen zwischen Glück, Hoffnung und Verzweiflung. Diese Bücher sind in ihrer Sprache einzigartig und lassen den Leser getröstet zurück. Also keine Angst vor vielleicht zu viel Melancholie."

Von mir noch eine voluminöse Empfehlung, wenn es recht ist. Im S. Fischer Verlag ist 2011 eine vierbändige Ausgabe der isländischen Sagas in neuer Übersetzung erschienen. Bände mit Abtauchgarantie in ferne Zeiten. Lesen ist doch angenehmer, als Bäume zu umarmen. Schon allein, weil Borkenkäfer Bücher nicht mögen.

Inge-Lore Brakemeier aus Detmold verspricht uns, „dass wir ihre Buchtipps nach der Lektüre nicht wieder vergessen werden". Sie empfiehlt Alexander Häussers „Noch alle Zeit", das in Norwegen spielt und von der Lebensgeschichte eines älteren Mannes und einer jungen Journalistin erzählt, die beide auf der Suche sind: Er sucht seinen verschwundenen Vater, sie ist auf der Suche nach sich selbst. Ihr Urteil: „Soghaft". Und ihr zweiter Tipp: Zülfü Livanelis „Serenade für Nadja". Ein alter deutschstämmiger Professor und eine ihn in Istanbul betreuende junge türkische Frau stehen im Zentrum. Mehr wird hier nicht verraten. Einfach lesen.

Gegen Ende gibt es noch eine Trilogie als Lesetipp. Empfohlen werden Ketil Björnstads „Vindings Spiel", „Der Fluss" und „Die Frau im Tal" vom Herforder **Dieter Grell.** Sein Urteil: „Der Autor beschreibt das Werden eines jungen Pianisten sehr authentisch, spannend und mit Tiefgang." Der Schriftsteller sei selbst ein bekannter Jazz-Pianist. Klingt vielversprechend.

Das Schlusswort hat **Annette Ahlmeyer** aus Bielefeld. Sie schlägt Aaron Wahls Autobiografie „Ein Tor zu eurer Welt (Wie ich als Autist meine Gefühle lieben lernte)" vor: „Erzählt wird die bewegende Geschichte eines jungen Mannes, der trotz niederschmetternder Diagnosen nie aufgegeben hat und durch seine Erfahrungen nun anderen Betroffenen helfen will." Dem ist nichts hinzuzufügen. Bleiben Sie gesund.

Donnerstag, 23. April

Absonderlichkeiten
in sonderbarer Zeit

Heute ist Welttag des Buches. Doch auch die meisten der an diesem Tag geplanten Veranstaltungen fallen wegen der Corona-Pandemie aus. Da ist es zumindest eine gute Nachricht, dass seit Montag die Buchhandlungen wieder geöffnet sein dürfen. Ich habe allerdings nie verstanden, warum ich mir während des Lockdowns zwar in Baumärkten eine Kettensäge kaufen kann, aber kein Buch im Buchladen. Gehört wohl zu den Absonderlichkeiten in dieser ohnehin sonderbaren Zeit, in der ich nun in großen Möbelhäusern und Shopping Malls wieder einkaufen gehen darf, aber Gotteshäuser, in denen wohl zumeist weniger los ist, weiter meiden muss.

Nun denn, loben wir das Buch an dessen Welttag mit weiteren Lesetipps von Ihnen. **Hans Isringhausen** aus Bielefeld sieht „die Zeit, und hoffentlich auch die Muße gekommen, mal wieder große Romane bedeutender Erzähler zu lesen." Und dann nennt er diese: Theodor Fontanes „Effi Briest", „Irrungen, Wirrungen", „Der Stechlin", Wilhelm Raabes „Stopfkuchen" und „Pfisters Mühle" sowie von Thomas Mann „Buddenbrooks" und „Der Zauberberg" sowie „Der Untertan" von Thomas' Bruder Heinrich Mann. Zudem empfiehlt er Joseph Roths „Radetzkymarsch". Unser Leser verspricht: „Die Lektüre lohnt sich."

Und ich würde gerne mal wissen: Wie halten sie es eigentlich mit den Klassikern? Lesen Sie sie noch oder jetzt mal wieder. Ich zum Beispiel will seit langem Dostojewskis

„Verbrechen und Strafe" in neuer Übersetzung lesen – und immer wieder kommen andere Werke diesem großartigen Roman des russischen Autors zuvor. Russland ist aber ein gutes Stichwort.

Christiane Cascante empfiehlt in ihrem Lektüre-Tipp neben Robert Seethalers wunderbaren Roman „Der Trafikant" und „Untadeliger Mann" von Jane Gardam Amos Towles' „Ein Gentleman in Moskau". Über letzteres Buch schreibt sie: „Es ist für mich eine typisch russische Geschichte über einen Grafen, dem man in den 20er Jahren sein ganzes Hab und Gut genommen hat und der nun irgendwie sein Leben meistern muss." Das gelinge ihm auf eine bewundernswerte Art und Weise, schreibt die Leserin und urteilt: „Trotz der traurigen Zeit und der ebensolchen Geschichte, bereitet das Buch einfach Spaß beim Lesen."

Nach Worpswede entführt uns die Bielefelderin **Inge Bernert.** Sie legt uns „Konzert ohne Dichter" von Klaus Modick ans Herz. „Der Autor erzählt von der dramatischen Entstehung des berühmtesten Worpsweder Bildes und beschäftigt sich ausführlich mit der fragilen Freundschaft zwischen dem Maler Heinrich Vogeler und dem Dichter Rainer Maria Rilke", schreibt Bernert, die die „wunderbare Sprache des Romans und die intensiven Einblicke, die wir in die Künstlerkolonie und die damalige Zeit erhalten", lobt.

Reisen ist ja weiterhin nicht drin. Da erscheint mir der Lesetipp von **Brigitte Siebrasse** sehr interessant. Die Bielefelderin empfiehlt Jens Clausens „Das Selbst und die Fremde. Über psychische Grenzerfahrungen auf Reisen" und schreibt dazu: „Über die verunsichernden Grenzen des Selbst auf Reisen etwas mehr zu erfahren, und sich oder andere darin eventuell wieder zu erkennen, könnte gerade jetzt, wo wir zu Hause bleiben müssen, ein heilsames Abenteuer über Identität und Entfremdung sein." Klingt nach Tiefgang oder wie Frau Siebrasse schreibt: „Informativ, unterhaltsam und gut lesbar." Bestens. Bleiben Sie gesund.

Freitag, 24. April

Vom Rocker zum Stubenhocker

Was meine Schwanzmeisen machen?, wollte unser Leser **Hellmuth Opitz** jetzt von mir wissen.

Sie erinnern sich vielleicht. Vor einigen Tagen hatte ich von einem solchen Vogelpärchen berichtet, das ständig wütend auf meine Fensterscheiben einhämmert. Daraufhin haben mir einige von Ihnen Tipps geschickt, wie ich sie zur Ruhe kriege. Doch keiner der Ratschläge, sie mit Jazzmusik zu beschallen, eine schwarze Katze mit Buckel und großen grünen Augen auf meine Fenster zu malen oder eine Leihkrähe einzusetzen, konnte sie stoppen.

Aber oh Wunder, seit ein paar Tagen haben sie die Spiegelfechterei, so nennt man ihren Kampf gegen ihr Spiegelbild, eingestellt. Warum? Sie sind mit Nestbau befasst und werden alsbald Eltern, da mutiert ja auch bekanntlich so mancher Homo sapiens vom Rocker zum Stubenhocker. Eine Verwandlung, für die ich der Natur in diesem Fall sehr dankbar bin. Nur was droht, wenn der Nachwuchs flügge ist, in die Flegeljahre kommt und zusammen mit den Alten durchstartet? Aber lassen wir die Vögel. Wenden wir uns Ihren Tipps zu.

Der eingangs schon zitierte Hellmuth Opitz, Lyriker aus Bielefeld, empfiehlt „einen zarten Liebesroman" und mutmaßt über sich: „Mit fortschreitenden Jahren wird man anscheinend zu einem sentimentalen Hund." Der Roman, den er empfiehlt, heißt „Unsere Seelen bei Nacht" und stammt vom amerikanischen Autor Kent Haruf. Darum geht's: „Die Witwe Addie tritt mit einem ungewöhnlichen Anliegen an ihren Nachbarn, den gleichfalls verwitweten Louis, heran: Sie fragt, ob er ab und zu bei ihr übernachtet, um einfach nebeneinander zu liegen und sich das Leben zu erzählen, damit die Einsamkeit in den langen dunklen Stunden nicht ganz so spürbar wird." Was das in der Nachbarschaft und familiär auslöst, erzähle dieser Roman auf anrührende und melancholische Weise, so Opitz. Die Begründung seiner Wahl ist sinnig: „Ich habe diesen Roman ausgewählt, weil er ältere Protagonisten hat und damit Leser anspricht, die in dieser Zeit bisweilen selbst verstärkt unter Einsamkeit leiden." Eine kluge Empfehlung und auch für einen heimlichen Romantiker wie mich ein guter Tipp.

„Wenn man schon von OWL aus nicht ans Meer fahren kann, träumen wir uns doch einfach dahin", schreibt unsere Leserin **Carola Picard** aus Steinhagen und rät zu Henry Bestons „Das Haus am Rand der Welt". Der Autor beschreibe seine Zeit auf Cape Cod in der ersten Hälfte des letzten Jahrhunderts. „Dieses Buch strömt eine unglaubliche Ruhe aus. Man ist sofort mit ihm mittendrin in dieser wundervollen Welt am Meer. Es ist jeden Cent wert", lautet das Urteil von Frau Picard.

Wer will da nicht gleich zugreifen, frage ich mich und schalte mich mit einer eigenen Empfehlung an alle Meeres-Süchtigen ein und lege Ihnen das wunderbare Büchlein „Für die mit der Sehnsucht nach dem Meer. Gedichte versammelt von Joachim Sartorius" ans Herz. Darin ist auch dieses Werk von Emily Dickinson abgedruckt, mit dem ich Sie gerne in den Freitag schicken möchte, weil es so heiter ist: „Eine weiche See umspült das Haus / Eine See aus Sommerluft / Und hebt und senkt das magische Boot / Auf sorgenfreien Kurs – / Der Schmetterling ist Kapitän / Die Biene Steuermann / Und als vergnügte Mannschaft / Heuert das Weltall an." Ach, wie schön. Bleiben Sie gesund.

Samstag, 25. April

Zunehmend dramatisch

Mit meinem Chef bin ich ja nicht immer einer Meinung, aber beim Fußball schon. Da gönnen wir Borussia Dortmund jeden Sieg und jede Meisterschaft. Derzeit steht unser Club auf Platz zwei der von der Corona-Pandemie eingefrorenen Tabelle. Und wissen Sie, was ich mir wünsche? Dass der BVB dort verbleibt. Nicht weil Platz eins nicht mehr drin wäre (im Gegenteil), sondern weil in diesen Zeiten die Saison vorfristig beendet gehört. Die Debatte um Geisterspiele ab 9. Mai ist absurd, denn selbige sind per se ein schlechter Witz und zudem gibt es derzeit einfach Wichtigeres als Fußball – unser aller Gesundheit. Daher: Platz zwei für den BVB und Glückwunsch den Bayern zur x-ten Meisterschaft.

Aber nun auf zu Ihren Lesetipps. **Elfi Winker** wagt sich

an einen Tipp, über den sie sagt: „Sehr zu empfehlen, allerdings nichts für Zartbesaitete." Es geht um den Roman „Das Floß der Medusa" von Franzobel. „Der historisch belegte Untergang des Schiffes Medusa bilde die Vorlage für dieses ungewöhnliche Buch, das mich total begeistert hat", heißt es bei Frau Winker. Es gehe in dem Roman darum, was Moral und Zivilisation in einer extremen Situation bedeuten, „in der es einfach nur ums Überleben geht". Scheint bestens in die Zeit zu passen, finde ich, auch wenn ich den Roman bisher nicht kenne.

Als ergänzende Lektüre empfehle ich aber schon mal den von den beiden Überlebenden des Schiffsuntergangs, Alexandre Corréard und Jean-Baptiste Henri Savigny, 1818 geschriebenen dokumentarischen Roman „Der Schiffbruch der Fregatte Medusa". Die beiden schildern den Überlebenskampf der ursprünglich 150 Menschen auf dem Rettungsfloß sehr drastisch, sodass ich es in einem Sog gelesen habe. Nur 15 von ihnen werden am Ende überleben. In der Tat nichts für Zartbesaitete, aber ein nahegehendes Buch über die existenziellen Fragen unseres Seins.

War der erste Tipp nichts für Zartbesaitete, so untertitelt **Elke Meyer zur Heide** ihre Leseempfehlungen auch mit einer Warnung: „Für Männer eher nicht geeignet." Von Regine Wroblewski stammt „Der tröstende Duft von Rosinenschnecken", den unsere Leserin empfiehlt. Sie verspricht: „Am Ende werden wir uns einer Familie nahe fühlen, die eigentlich keine sein wollte." Zudem rät sie zur „Ostpreußen-Saga" von Ulrike Renk sowie zur „Seidenstadt-Saga" derselben Autorin, die das Schicksal einer jüdischen Familie ausleuchte. „Es ist keine anspruchsvolle Literatur. Lässt sich aber auf einem eBook-Reader zum Entspannen gut lesen", lautet ihr abschließendes Urteil. Dagegen ist nichts zu sagen.

Jörg Bartsch hat über seinen Buchtipp „Adressat unbekannt" von Kressmann Taylor eine Überschrift gewählt, die mich sehr neugierig macht: „Vom Umfang her ein Büchlein – vom Inhalt her zentnerschwer." Darum geht's. Ein jüdischer Amerikaner und ein Deutscher führen 1932 eine Kunstgalerie in San Francisco und sind innige Freunde. Als der Deutsche in seine Heimat übersiedelt, wo er zunehmend mit den Nazis sympathisiert, beginnen sie einen engen Briefwechsel. „Der Briefabtausch der Freunde entwickelt sich zunehmend dramatisch", schreibt unser Leser und empfiehlt die Lektüre des Büchleins, weil es zeige, „dass und wie man ohne Gewalt in einem totalitären Regime empfindlichen Schaden anrichten kann – leider nur von außen". Klingt spannend. Ein entspanntes Wochenende wünsche ich und bleiben Sie gesund. Ab Montag mit Maske.

Montag, 27. April

Gesucht wird Buch Nummer 30

Heute erscheint die 30. Folge der Lesetipps. Unser Leser **Walter Schroeder** aus Bielefeld schreibt über die Kolumne: „Dass eine kleine Aktion wie die Ihre, die anfangs so unauffällig daher kam, ein solches Echo ausgelöst hat, das ist richtig erfreulich. Glückwunsch!" Ich sage herzlichen Dank allen Mitstreiterinnen und Mitstreitern und lade Sie ein zu einer kleinen Sonderaktion, zu der mich

Roland R. Rosina aus Bünde mit seiner Zuschrift inspiriert hat.

Wählen Sie bitte das 30. Buch von links aus ihrem ersten Regalfach aus, schicken Sie mir per E-Mail Autor und Titel, lassen Sie mich wissen, ob Sie das Buch schon gelesen haben und was Sie bewogen hat, es für Ihre Bibliothek zu erwerben. Ich bin gespannt, wer welches Buch an der 30. Position stehen hat.

Mein 30. Buch: Der Briefwechsel zwischen Gottfried Benn und Ernst Jünger in den Jahren 1949 bis 1956. Dass ich den Band besitze, überrascht mich, denn ich schätze den Lyriker Benn zwar sehr, aber Jünger nicht wirklich. Muss ich wohl mal lesen.

Nun aber zu den neuen Lesetipps. Da rät uns **Gisela Kafai** aus Bielefeld-Sennestadt zu Robert Seethalers „Ein ganzes Leben" und schreibt dazu: „Diese Geschichte hat mich in ihrer Einfachheit tief beeindruckt. Ich habe sie mehrere Male gelesen." Ich habe sie zwar nur einmal gelesen – bin aber ebenso angetan von der eindringlichen Schilderung von dem einfachen Leben eines Bauern, der seinen Weg durch die zahlreiche Wirrnisse der Weltenläufe mit einer gehörigen Portion Stoizismus geht.

„Erfrischend modern diese Literatur aus dem 18. Jahrhundert" betitelt **Brigitte Grundmann** aus Augustdorf ihre Empfehlung von Voltaires Novelle „Candide oder die beste aller Welten" sowie dessen Geschichte „Der ehrliche Hurone". Daraus hat mir übrigens das Zitat – „Zwei Dinge bedeuten mir Leben: die Freiheit und das Objekt meiner Liebe" – immer schon sehr gefallen.

In Leopoldshöhe ist **Maria Thünemann-Zurheide** daheim. Sie legt uns Peter Webelings „Das Lachen und der Tod" ans Herz und sagt über ihren Lesetipp: „Das Buch ist in der Tat sehr erschütternd, aber auch sehr mutmachend, da die Hauptfigur in diesem Roman in seiner entsetzlichen Situation nicht die Hoffnung aufgibt und erfolgreich mit Humor und Durchhaltetaktiken kämpft. Ich empfinde es gerade heutzutage als mutmachend und sehr passend." Mir empfiehlt die Leserin noch, die Ohren steif zu halten. Mache ich und frage mich, woher dieser Ausspruch wohl stammt?

Johannes Gräler aus Rischenau hat auch eine schöne Empfehlung für uns Bücherfreunde bereit, die mich sogleich gereizt hat. Er schlägt die „Anleitung zum Müßiggang" von Tom Hodgkinson zur Lektüre vor und begründet seine Wahl so: „Sein Werk ist eine Mischung aus Lektüreempfehlung, Lektürekompilation, Gesellschaftsutopie, Entlastung von ‚Lastern', Ermutigung zur Selbstbeschränkung im Zeichen von Genuss und Freiheit auf kleinem Raum, und ein schönes Beispiel für den humorvollen Freisinn englischen Geistes in Zeiten des Brexits." Klingt vielversprechend.

Zum Schluss noch etwas Anrührendes. Die Bünderin **Monika Kammann-Neier** und ihr Mann lesen sich jeden Morgen abwechselnd ein Gedicht vor. „Die Gedichte tun gut", schreibt unsere Leserin und hat von Hilde Domin dieses Gedicht mitgeschickt: „Nicht müde werden, / sondern dem Wunder / leise / wie einem Vogel / die Hand hinhalten". Bleiben Sie gesund.

Dienstag, 28. April

Kärchern statt Krise

Das möchte ich an dieser Stelle einmal loswerden. Kaum, dass ich laufen konnte, und ich konnte es früh, musste ich im Garten meiner Eltern helfen. Das war ein Zier- aber vor allem ein Nutzgarten mit sieben Äckern, viel Rasenfläche und jeder Menge Obstbäumen. Zudem lebten da Kaninchen und Hühner in Ställen – zumindest bis wir sie aßen. Es gab also immer viel zu tun – auch für mich. Die Folge: ich schwor mir, als Erwachsener nie einen eigenen Garten haben zu wollen. Heute habe ich einen (seit zwölf Jahren). Einen kleinen. Warum ich das erzähle? Weil ich am Wochenende mal wieder kärchern musste, damit die Natur nicht die Oberhand über meine beiden Terrassen behält. Was soll ich sagen? Das Kärchern tat gut. Überhaupt nicht an Corona gedacht – für drei Stunden. Hat doch was Gutes so ein Garten in diesen irren Zeiten. Nun aber geht's zu etwas noch viel Erbaulicherem – Ihren Buchtipps, die munter weiter eintrudeln. Herzlichen Dank dafür.

Den Auftakt macht **Andreas Kronsbein** aus Schloß Holte-Stukenbrock. Er rät zur Lektüre von Stephen Kings „Das letzte Gefecht". Dazu schreibt unser Leser: „Selten wurde eine Epidemie und die darauffolgende Dezimierung der Menschheit packender und eindringlicher beschrieben." Gute Stimmung komme durch das Buch derzeit nicht auf, meint Kronsbein und fügt an: „Vielleicht aber Erleichterung darüber, was uns bis jetzt erspart geblieben ist."

So kann man das ja auch mal sehen. Einen Kontrast zu obigem Lesetipp bildet der von **Ingrid Tiedtke-Strandt** aus Gütersloh. Sie empfiehlt uns „Die relative Unberechenbarkeit des Glücks" von Antonia Hayes. Ihr sei die Geschichte des zwölfjährigen Ethan, der einige Sonderbegabungen hat, „ans Herz gewachsen", schreibt Tiedtke-Strandt. „Wie er die Welt sieht, welche Fragen er an die Mutter hat, mit der er alleine zusammenlebt, die Suche nach dem Vater und der Wahrheit war für mich spannend und sehr anrührend zu lesen."

Die Bielefelderin **Leonore Franckenstein** legt uns als Lektüretipp Barbara Ellermeiers „Sophie Scholl – Lesen ist Freiheit" ans Herz. Sie formuliert über das Buch, das die Autorin aus Briefen, Tagebucheinträgen und Zeichnungen Scholls collagiert hat, dies: „Dieses kleine Büchlein schildert auf berührende Weise, wie Sophie Scholl als 19-Jährige 1941 in den Reichsarbeitsdienst gepresst diese zwangsweise zwölfmonatige Isolation fern von Familie und Freunden dank der Lektüre von Büchern auszuhalten lernt und sogar gestärkt daraus hervorgeht." Die Leserin ist sich sicher, dass das Lesen auch uns in dieser Zeit Kraft geben könne. Das sehe auch ich so. Käme nur gerne mehr dazu.

Aber wie riet mir **Gerd-Henrich Nahrwold** aus Lübbecke so schön, als ich mich in dieser Kolumne vor ein Paar Tagen beklagt hatte, stets keine Zeit zu finden, endlich Dostojewskis „Verbrechen und Strafe" zu lesen: „Machen Sie Urlaub, melden Sie sich krank oder lassen Sie sich vorzeitig pensionieren!" Raten Sie mal, welchen Tipp ich davon alsbald befolgen werde? Ach ja, eins noch. Nein, nichts über die Maskenpflicht. Über die schweige ich lieber. Die Sonderaktion, dass jeweils 30. Buch aus Ihren Regalen vorzustellen, findet reichlich Anklang. Die Ergebnisse sind hier demnächst nachzulesen. Bleiben Sie gesund.

Was aber bleibet stiftet nicht Laschet

Gestern hatte ich noch betont, nichts über die Maskenpflicht schreiben zu wollen. Heute dazu dies. Würde mir
jemand ein Buch mit den Argumenten schmackhaft machen wollen, die die schwankende NRW-Landesregierung
für die Maskenpflicht ins Felde geführt hat, ich würde es
garantiert nicht lesen. Das soll es zu der großen Beruhi-
gungsspillen-Aktion gewesen sein, die uns da verordnet
wurde. Nun lieber zu den Büchern, denn gemäß Friedrich Hölderlin stiften die Dichter, „was aber bleibet". Zum
Glück eben nicht Armin Laschet.

Zum Einstieg rät die Braklerin **Monica Wiegand-Hoor-
mann** uns zu Astrid Lindgrens Tagebüchern aus den
Jahren 1939-1945 mit dem Titel „Die Menschheit hat den
Verstand verloren". „Ihr ‚Schmuddeljob' in der Abteilung
für Kriegszensur beim Schwedischen Nachrichtendienst
gewährte Lindgren Einblicke in die Folgen des Zweiten
Weltkrieges in den besetzten Ländern", schreibt unsere
Leserin. Heimlich habe sie Briefe abgeschrieben, Infor-
mationen aus Zeitungen, Kartenmaterial und Berichte
von Flüchtlingen gesammelt. In den Tagebüchern verbin-
de sie den Blick in die Abgründe des Krieges mit ihrem
eigenen, durchaus behüteten und komfortablen Leben in
Stockholm. Fazit unserer Leserin: „Dieser menschliche
Drahtseilakt ist auf über 500 Seiten beeindruckend geschildert." Sie selber lese gerade das Kinderbuch „Ferien
auf Saltkrokan" als „Ersatz für den wohl zu verschieben-

den Wohnwagentrip nach Südschweden."

Beides Tipps, denen ich etwas abgewinnen kann. Ebenso wie der Lektüreempfehlung des Bielefelders **Klaus Krickeberg,** der Heinrich von Kleists „Die Marquise von O..." empfiehlt mit der Anmerkung: „Die Novelle ist nicht nur spannend erzählt, sondern auch sehr interessant, weil schon damals die Tagespresse eine Rolle in dem außergewöhnlichen Geschehen spielt." Okay, jetzt haben Sie mich, müsste ich kennen, kenne ich aber nicht. Ich habe bisher nur hineingelesen gehabt, aber eben nicht hineingefunden in die Erzählung.

In Borchen ist **Günther Dressler** daheim. Er legt uns Marion Gräfin Dönhoffs „brillante Reisereportagen" aus etlichen Ländern nah, die sie nach dem Zweiten Weltkrieg geschrieben hat. Gut gefällt mir ein Zitat aus ihrer Prag-Beschreibung aus dem Jahr 1964, das unser Leser mitgeschickt hat: „Es ist schön, einmal fern unserer hektischen Welt zu sein, in der die Konsumschraube jedes Jahr um einige Umdrehungen weiter geschraubt wird, sodass alles sich immer rascher drehen und wenden muss, um mitzukommen. Es ist schön, wieder einmal in der stilleren, bescheideneren Welt des alten Europa zu sein." Tja, was sie wohl schreiben würde, käme sie heute in die Stadt an der Moldau?

Geschmunzelt habe ich bei der Lektüreempfehlung von **Christiane Pfitzner** aus Bielefeld, weil sie so witzig von ihr formuliert wurde. Sie lautet: „Wenn man Fontanes ‚Vor dem Sturm' in drei Bänden gelesen und sich an der wunderbaren Sprache und den farbigen Beschreibungen von Menschen und Landschaft ergötzt hat und das auf rund

1.000 Seiten, auf denen sich so gut wie nichts ereignet, dann ist man auch dem gegenwärtigen Lockdown intellektuell und moralisch gewachsen!"

Ein treffliches Schlusswort. Bleiben Sie gesund.

Donnerstag, 30. April

Sie begeistern mich – Danke dafür

Wäre ich Schauspieler, würde ich jetzt einen Satz ausklinken wie: „Sie sind das großartigste Publikum der Welt". Ich aber bin Redakteur und daher nicht so geübt in solchem Bombast, aber eines muss ich Ihnen sagen, wie Sie sich in die Kolumne einbringen, ist einfach fantastisch. Ich bin begeistert von Ihnen – auch von den mehr als 40 Einsendungen zu unserer Sonderaktion zur 30. Folge dieser Kolumne, das jeweils 30. Buch aus ihrem ersten Bücherregalfach von links vorzustellen.

Der Auftakt gebührt **Roland R. Rosina** aus Bünde, dem ich die Anregung zu dieser Idee verdanke. Bei ihm findet sich das von Bee Wilson verfasste Buch „Am Beispiel der Gabel". Eine Kulturgeschichte des Kochens über die unser Leser schreibt: „Wer gerne kocht und/oder isst, kann sich in diesem Buch verlieren. Ein Geburtstagsgeschenk, das ich immer wieder gerne in die Hand nehme."

Als Freund des Kochens und Genießens werde ich es mir sofort besorgen, um es auch alsbald in die Hand nehmen zu können. Komme ich doch dank Corona nun jeden Tag dazu, zu kochen.

„Die wundersamen Nächte des Monsieur Lacombe", geschrieben von Marcel Valmy, fanden sich an Position 30 im Regal der Herforderin **Rita Frentrup.** „Ein amüsanter

Roman aus Paris, in dem es um einen bescheidenen, armen Klavierlehrer geht", schreibt unsere Leserin, die das Buch 1990 gelesen hat. Sie wisse das so genau, weil sie in ihren Büchern immer das Lektüredatum notiere. „Jetzt werde ich es noch einmal lesen", kündigt sie an. Das schreiben auch einige andere. Interessant.

„Einfach genial", so betitelt **Brigitte Blum** aus Gütersloh ihr Buch Nummer 30. Es handelt sich um „Doppler" verfasst vom norwegischen Autor Erlend Loe. „Ich finde, dass dieses Buch sehr gut in die Coronazeit passt, da sich der Protagonist Andreas Doppler nach einem Fahrradsturz Gedanken über sein bisheriges Leben macht und beschließt, für einige Monate allein im Wald zu leben", schreibt Frau Blum.

Einen Lyrikband – und zwar Ulla Hahns „Gedichte fürs Gedächtnis" – hat **Inge Ahrens** auf Platz 30 stehen. Dazu teilt sie mit: „Selbstverständlich oft zur Hand genommen, gedichtweise immer wieder gelesen, wurde es in letzter Zeit leicht vernachlässigt zwecks anderer Lektüre , schade eigentlich."

Bereits 1954 hat sich der Bielefelder **Lutz Röver** das Buch „Ich radele um die Welt" von Heinz Helfgen gekauft und es seitdem „mehrfach gelesen". „Der Reporter aus Düsseldorf, der mein Exemplar signiert hat, beschreibt sehr schön, wie er von 1951 bis 1953 mit dem Rad um die Welt geradelt ist", teilt Röver über sein Buch an Position 30 mit. Dort wo bei Lutz Röver die Radel-Reportagen stehen, findet sich bei **Dorothea Hasse** aus Lübbecke, der 1996 gekaufte Lyrikband von Rose Ausländer „Die Nacht hat zahllose Augen". „Die Autorin begleitet mich schon lange durch mein Leben", schreibt unsere Leserin und zitiert dies von ihr: „Der unerträglichen Realität gegenüber gab es zwei Verhaltensweisen: entweder man gab sich der Verzweiflung preis, oder man übersiedelte in eine andere Wirklichkeit, die geistige." Was für ein Schlusspunkt für heute.

Morgen geht's weiter mit Ihren Büchern von Position 30. Bleiben Sie gesund.

Freitag, 1. Mai

Mit Stil und Spiel in den Untergang

Schon seit vielen Jahren habe ich nicht mehr in den 1. Mai getanzt. Fehlte mir auch nicht wirklich. Doch dieses Jahr hätte ich nicht übel Lust dazu gehabt. Mal so richtig abtanzen wie damals und dabei Raum, Zeit, Ort und Pandemie vergessen. Geht ja nun nicht. Schade.

Apropos 1. Mai. Der DGB hat ihn in diesem Jahr unter das Motto „Solidarisch ist man nicht alleine" gestellt. Ist zwar eine Binse, passt aber in die Zeit. „Heraus zum 1. Mai" wäre ja auch unfreiwillig komisch gewesen in einer Zeit, in der der Tag der Arbeit auch im Netz begangen werden muss.

Vielleicht ist ja unter den Büchern unserer Leser, die sie an der 30. Position in ihren Regalen gefunden haben, auch passende Lektüre zum 1. Mai dabei. Schauen wir mal.

Annegret Bokermann hat auf Platz 30 in ihrem Regal Alina Bronskis hochgelobten Roman „Die schärfsten Gerichte der Tatarischen Küche" entdeckt. „Der Titel hatte mich damals magisch angezogen, gelesen habe ich es mit Genuss und werde es jetzt noch einmal lesen", schreibt unsere Leserin und betont: „Ein wunderschönes Buch über die durchtriebenste Großmutter aller Zeiten. Von mir aus eine absolute Empfehlung." Von mir aus auch.

In eine italienische Bar geht es mit dem Bielefelder **Jürgen Adam,** der an Position 30 Stefano Bennis Buch „Il bar sotto il mare" hervorzog. Er habe es auf Italienisch gelesen, weil er seit Jahren die Sprache lerne. Über das Buch, das auf Deutsch unter dem Titel „Die Bar unter dem Meer" erschienen ist, sagt er: „20 kurze Geschichten, die mir aufgrund der unbändigen Fabulierfreude und ausufernden Fantasie des Autors sehr gut gefallen haben." So wie man sich einer italienischen Bar, in der es nie nur um einen Espresso geht, nicht verschließen kann, so sollte man es auch mit diesem Buch halten. Da bin ich mir mit unserem Leser sehr einig.

Zum zweiten Mal findet sich eine Bielefelder Autorin in der Kolumne wieder. Auf Platz 30 steht im Regal von **Monika Bütemeyer** der Krimi „Morgen ist der Tag nach gestern" von Mechtild Borrmann. „Packend geschrieben, gut recherchiert und mit historischen Bezügen", lobt die Leserin. Meine Haltung zu Krimis kennen Sie ja, aber die Schreibe von Frau Borrmann schätze auch ich – vor allem in „Der Geiger" und „Grenzgänger".

Einen Klassiker der Frauenbewegung (und aufgeklärter Männer), der in den 80er-Jahren in keinem WG-Bücherregal fehlen durfte, hat **Waltraud Schossow,** daheim in Bad Salzuflen, in dem ihrigen entdeckt: „Wenn du geredet hättest, Desdemona" von Christine Brückner, das den Untertitel „Ungehaltene Reden ungehaltener Frauen" trägt. „Werde ich nun noch einmal lesen müssen", schreibt unsere Leserin. Darf ich's öffentlich sagen: Ich hab's damals nicht gelesen. Steht aber dank meiner Frau im Regal.

Was will uns wohl der Fund auf Regal-Position 30 von **Viktoria Affeldt** aus Oerlinghausen sagen? Dort findet sich Erik Fosnes Hansens „Choral am Ende der Reise". „Eine im Wesentlichen fiktive Geschichte über das bis zuletzt spielende Schiffsorchester auf der Titanic." Mit Stil und Spiel in den Untergang. Das hat zwar Haltung, aber mit einem Untergangsszenario möchte ich Sie nicht in den 1. Mai schicken und empfehle Johannes Secundus, der 19 Gedichte unter dem Titel „Basia" über das Küssen geschrieben hat – im Jahr 1539! Leselust pur aus fernen Zeiten. Bleiben Sie gesund.

Montag, 4. Mai

Ein zweites Leseleben wäre schön

Dass ich in Wilhelmshaven am Jadebusen geboren und aufgewachsen bin, habe ich in dieser Kolumne schon einmal erwähnt. Daher ist mir auch das Wattenmeer sehr vertraut. Liegt ja auch direkt hinterm Deich. Dort haben wir Miesmuscheln gesammelt, Seesterne getrocknet, uns mit Algen und Matsch beworfen, Wattwürmer ausgebuddelt und bei einer Wattwanderung von Baltrum zurück ans Festland den Kleinsten aus unserer Klasse aus einem Priel, der schon zu viel Wasser führte, wieder an die Oberfläche geholt. Kurz: das Watt war Heimat.

Warum ich das hier schreibe? Weil zum Wochenende der sehr schöne Bildband „Wunderwelt Wattenmeer" von Martin Stock und Tim Schröder in meinem Home-Office eingetrudelt ist und ich beim Blättern tief eintauchen konnte – in meine Jugend und die Schönheit des Watten-meers. Was will ich mehr in diesen seltsamen Tagen, in denen ich immer mehr spüre, wie sehr empfänglich ich mittlerweile für Nostalgie geworden bin. Werde ich alt? Scheint so. Nun aber zu Ihren Büchern, die an Position 30 in Ihren Regalen stehen.

Achim Stumpenhagen aus Büren hat an dieser Stelle Rainer Maria Rilkes „Briefe an einen jungen Dichter" in seinem Regal gefunden, die für ihn „zum Schönsten ge-hören, was es an Weltliteratur in deutscher Sprache gibt". Unser Leser schreibt zu dem Buch: „In zehn Antwortbrie-fen gibt Rilke einem ratsuchenden jungen Mann Lebens-hilfe, indem er ihn zum Beispiel ermuntert, den Schmerz der Einsamkeit als Weite zu empfinden und mit ‚schön klingender Klage' zu tragen." Kein schlechter Rat auch in diesen Tagen, finde ich.

Neugierig macht mich auch das Buch, das **Frank-Michael Masseida** an Position 30 stehen hat. Geschrieben hat „Der Fechtmeister" der Autor Arturo Perez-Revertes. Un-ser Leser sagt dazu: „Erzählt wird die Geschichte eines al-ten Fechtlehrers im Spanien der Isabellinischen Ära, der durch eine rätselhafte schöne Schülern in eine tödliche Intrige gerät." Da würde ich glatt einsteigen.

„Wir befinden uns ganz klar in der Gartenbücherabteilung und das 30. Buch von links ist bei mir ein wirklich oft zu Rate gezogener Klassiker", schreibt **Gunhild Gustke** aus Borgholzhausen. Der Titel ihres Buchs: „So entsteht ein Biogarten". Verfasst hat es Marie Luise Kreuter. Mir fällt auf, dass ich nicht ein Gartenbuch in meinen Regalen ste-hen habe. Was will mir das sagen?

Ein noch ungelesenes Buch hat **Marita Dabrock** aus Bielefeld-Brackwede in ihrem Regal auf Platz 30 entdeckt – „Nacht des Orakels" von Paul Auster. Wenn ich mich bei mir so umsehe, dann könnte ich ein zweites Leseleben gut gebrauchen, denn da stehen so einige ungelesene Werke. Tja, aber eine Verlängerung ist ja leider nicht vorgesehen. Aber das vertiefen wir hier mal lieber nicht – zu traurig.

Das Buch eines echten Niederrheiners hat **Rosi Terbeck,** die in Bad Oeynhausen daheim ist, in ihrem Regal aufgespürt – Hanns Dieter Hüschs „Du kommst auch drin vor – Gedanken eines fahrenden Poeten". „Hüsch hat zu allen Lebenslagen und Gelegenheiten etwas zu sagen, denn er trifft den richtigen Ton!", schreibt die Leserin. Sorry, mich hat er bei seinen Live-Auftritten samt Heimorgel immer etwas wahnsinnig gemacht mit seinem Genuschel. Nun denn, ich wünsche eine schöne Woche. Bleiben Sie gesund.

Dienstag, 5. Mai

Untreue, Sünde oder gute Tat?

Es ist Zeit für eine Beichte. Ich bin untreu geworden. Kurz vorm Ende des Lockdowns für Friseursalons habe ich meinen Friseur, den so netten Herrn Knitt, mit meiner Frau betrogen. Sie, immerhin einer Bünder Friseurfamilie entstammend, hat mir, weil ich das Gewusel auf meinem Kopf einfach nicht mehr ertragen konnte, in der achten Woche meines Lebens im Home-Office die Haare geschnitten. Jetzt fühle ich mich zwar deutlich erleichtert, aber auch wie ein Sünder, weil ich meinen Friseur um seinen Verdienst gebracht habe. Aber man kann das ja auch mal so sehen: Ich lasse eben nur dringenderen Fällen den Vortritt. Dann war das doch eher eine gute Tat, oder?

Nun zu den Büchern an Position 30 in Ihren Bücherregalen. Das „Praxishandbuch Pferdeweide" von Ingolf Bender hat **Katja Bokemeyer** in ihrem „Regal links von der Tür" entdeckt. Die Mindenerin schreibt: „Wahrscheinlich interessiert das keinen Zeitungsleser, aber mir hat das Buch sehr geholfen, als ich vor 20 Jahren angefangen habe, meine Pferde in Eigenregie hinterm Haus zu halten." Das wiederum finde ich spannend, auch weil ich von Pferden so gar keine Ahnung habe.

Auch der französische Autor Raymond Queneau hat sich mir bisher nicht erschlossen. Anders ist das bei **Wilfried P. Schrammen.** Der Bielefelder hat an Position 30 im Regal dessen Buch „Stilübungen" stehen. „Die Eingangsszene ist recht banal, es geht um zwei Männer, die sich im Bus rempelnd in die Quere kommen. Diese kleine Geschichte erzählt der Autor in 99 äußerst humorvollen, stilistischen Variationen", betont unser Leser und schreibt: „Abstrakter Höhepunkt ist der Text, der die Story auf eine mathematische Formel – die ich bis heute nicht verstehe – reduziert." Da haben wir bestimmt etwas gemeinsam.

Wie es der Zufall so will, hat **Tassilo Hardung** Daniel Defoes „Die Pest zu London" an 30. Stelle in einem seiner Regale entdeckt. Der Gütersloher formuliert: „Der Text hat unglaublich viele Parallelen zur Corona-Pandemie." Ohne Bezüge zur Pandemie ist sicherlich „Der Stechlin" von Theodor Fontane zu lesen. Den hat **Klaus Kosiek** in seinem Regal aufgespürt. Der Bielefelder will nun seinen „nostalgischen Bedürfnissen nachgeben und den sympathisch unzeitgemäßen Roman", den er während der 68er Stundenrevolte erstmals gelesen habe, nochmals lesen. Noch ein Geständnis von mir – mit Fontane bin ich nie warm geworden. Aber sein Gedicht „Die Brücke am Tay" schätze ich seit meiner Schulzeit sehr. „Tand, Tand ist das Gebilde von Menschenhand". Damit haben des Brandenburgers Hexen leider doch oft recht.

Total erstaunt ist **Edith Bauer-Glindemann** über ihren Fund. Die Paderbornerin hat an Position 30 im Regal „Die Maske" von Siegfried Lenz. „Eine Maske schmückt ihren Träger oder erschreckt sein Gegenüber", zitiert sie den großen Autor. Scheint in unsere seltsame Zeit zu passen.

Ein Lyrikband mit dem Titel „An den Wind geschrieben – Lyrik der Freiheit 1933-1945" findet sich im Regal von **Norbert Schmitt.** „Es sind sind nicht nur bewegende, sondern auch erschütternde Zeilen aus einer schrecklichen Zeit", schreibt der Gütersloher. Kein schlechter Lesetipp kurz vor dem 8. Mai, an dem sich die Befreiung von der Nazi-Diktatur zum 75. Mal jährt. Bleiben Sie gesund.

Mittwoch, 6. Mai

Irre und köstlich

Mit Liebesgedichten ist das ja so eine Sache. Sie sind ein großes Wagnis zu allen Zeiten. Heiner Müller war mir lange nur als Dramatiker ein Begriff. Bis ich 2014 seine gesammelten Gedichte unter dem Titel „Warten auf der Gegenschräge" für mich entdeckte, die ich Ihnen gerne ans Herz legen möchte. Darin finden sich auch diese drei Zeilen unter dem Titel „Liebesgedicht": „Einsam / Wie ein Frachter ohne Frachten. / Ich: ein Segel im Wind." Spricht mich sehr an. Wie wohl die Liebeslyrik der Corona-Zeit einst daherkommen wird?

Da Sie mir so fleißig über Ihre jeweils 30. Bücher in Ihren Regalen geschrieben haben, folgen jetzt weitere Empfehlungen aus dieser Sonderlesetipp-Serie innerhalb unserer Kolumne.

Melanie Scherwinski hat Reginald Arkells „Pinnegars Garten" an Stelle 30 in ihrem Regal wiederentdeckt. „Ein ganz bezauberndes Buch über den Garten eines alten englischen Herrensitzes und über seinen leidenschaftlichen Obergärtner", schreibt sie über das Werk, das sie bereits mehrfach verschenkt hat. Sieht's da wohl so aus wie in den Pilcher-Filmen?

An dieser Stelle verrate ich Ihnen ein kleines Geheimnis. Ich betreibe Weltflucht nicht nur, indem ich, wie schon erwähnt, immer dienstags „In aller Freundschaft" gucke, sondern auch, indem ich manchmal sonntags mit dem ZDF pilchere. Jetzt wird's wieder seriös.

Unsere in Gütersloh lebende Leserin **Ilse Hinrichs** ist beim Abzählen ihrer Bücher auf Wibke Bruhns „Meines Vaters Land" gestoßen. Sie kommentiert das Buch der Journalistin und Autorin so: „Es hat mich echt gefreut, dass dort dieses Buch steht, da ich es unbedingt empfehlen kann." Sie habe es zwar vor schon längerer Zeit gelesen gehabt, „aber ich war sehr beeindruckt: starker Vater, starke Tochter". Ja, die Kollegin hat auch mich immer schon fasziniert. Wie war das noch mit ihr und Willy Brandt?

Im Regal von **Barbara Hunke** findet sich an Position 30 Inge Jens' Buch „Unvollständige Erinnerungen", in dem sie auch über die Demenzerkrankung ihres Mannes Walter Jens schreibt. Fazit unserer Leserin, die es gerade wieder gelesen hat: „Eine gerade Haltung, unabhängig von Trends, ganz erfrischender Ton." Ein flotter Bewertungsdreiklang, der nun wiederum mir gefällt.

Als „in vielerlei Hinsicht köstlich" bezeichnet der Bielefelder **Jochen Geue** seine Wiederbegegnung mit Stevan Pauls „Monsieur, der Hummer und ich", das sich als 30. Buch in seinem Regal findet.

Ich kenne das Buch nicht, aber der Titel verheißt mir, dass es ums Kochen gehen könnte, und das liebe ich mindestens so sehr wie das Lesen und Schreiben. Mein Tipp in diese Richtung: „Die Irren mit dem Messer: Mein Leben in den Küchen der Haute Cuisine". Verfasst von Verena Lugert, die als Journalistin ausstieg, um Köchin zu werden. Irre und köstlich zugleich ist ihr Buch.

Ein im doppelten Sinne regionales Buch hat **Corinna Anhalt** aus Paderborn in ihrem Regal aufgestöbert. Das im Bielefelder Pendragon Verlag erschienene Buch – „So wie du mir. 19 Variationen über die Judenbuche von Annette von Droste-Hülshoff". Sie werde mal wieder darin stöbern, schreibt unsere Leserin.

Für mich hat es sich für heute in Ihren Buchtipps ausgestöbert. War mal wieder spannend in Ihren Regalen zu Gast zu sein. Bleiben Sie gesund.

Donnerstag, 7. Mai

Wiederbegnung mit alten Freunden

Corona geht mir auf den Keks. Auf diesen schlichten Satz hat ein Kollege dieser Tage seine Gefühlslage gebracht. Geht mir und vielen von Ihnen sicherlich nicht viel anders. Lassen wir's für heute einfach dabei. Machen wir weiter das Beste aus unserer Lage und halten uns gemeinsam mit Büchern und Ihren Fundstücken aus Ihren Regalen bei Laune.

An Position 30 in ihrem Buchregal hat **Heidemarie Eickmeyer** aus Bad Oeynhausen Alexander von Schönburgs Werk „Die Kunst des stilvollen Verarmens – Wie man ohne Geld reich wird" hervorgeholt. „Ein intelligentes und unterhaltsames Buch mit Argumenten, wie man auf den übermäßigen Konsum verzichten kann. Macht uns die derzeitige Situation vielleicht etwas leichter", hofft unsere Leserin. Klingt nach einem spannenden Werk. Nur, wie schafft man es eigentlich, tatsächlich umzusteuern? Ich scheitere mit meinen Versuchen immer schneller als ich gucken kann, wie man so schön sagt.

„Lustig, traurig, nachdenklich, überraschend" geht es in den Kurzgeschichten von Elke Heidenreich zu, die **Jutta Vlachos** aus Minden unter dem Titel „Alles kein Zufall" in ihrem Regal entdeckt hat. „In dem sehr empfehlenswerten Buch ist für jeden Geschmack etwas dabei", sagt unsere Leserin, die an Literaturabenden in ihrer Gemeinde, deren Bibliothek sie betreut, gerade auch aus diesem Buch vorliest.

„Schnee, der auf Zedern fällt" von David Guterson steht bei **Evelyn Lieder-Stockbrügger** aus Gütersloh auf Position 30 im Regal. „Ich muss das Buch jetzt noch einmal lesen, weil ich mich an den Inhalt kaum noch erinnere", schreibt sie und bekennt: „Früher habe ich mich noch für Bestseller entschieden – heute ist das etwas anders – da muss mich der Inhalt von Anfang an überzeugen – meistens total am Mainstream vorbei." Da haben wir etwas gemeinsam. Bei Bestsellern greife ich am liebsten gar nicht zu. Weshalb meine Schwester meinen Literaturgeschmack gerne gegenüber anderen so umschreibt: „Mein Bruder liest am liebsten westafghanische Hirtenlyrik." Und Sie, wie halten Sie es mit den Bestsellern?

Im Regal von **Elke Meyer** zur Heide steht das Buch „Windjammer – Lieder von Stan Hugill". „Es war eine Leseempfehlung unserer Tochter und mein Mann, ein Liebhaber alles Maritimen kaufte es vor rund zehn Jahren in einem Bielefelder Antiquariat. Das Buch handelt von den letzten Großseglern auf den Weltmeeren und ihren Liedern, den Shantys." Wäre was für meinen Vater gewesen. Der fuhr einst auf dem Segelschulschiff Gorch Fock zur See, liebte ebenfalls Shantys und es zudem, uns sonntags des Morgens per Seite-Pfeiffen, so eine Sitte bei der Marine wohl, aus den Betten zu schmeißen. Also nicht wundern, wenn das Maritime bei mir leichte Abwehrreaktionen hervorruft. Sehr anfreunden kann ich mich aber mit dem 30. Buch von **Corinna Schwarze** aus Gütersloh: Georg Kreislers „Ich weiß nicht, was soll ich bedeuten". „Dieser große Kabarettist, von dem so hintersinnige Lieder wie ‚Der Tod, das muss ein Wiener sein' und ‚Gehen wir Tauben vergiften im Park' stammen, hat viel zu sagen", schreibt unsere Leserin, die das Buch von „fast vergessenen Freunden" 1976 mit „liebevoller Widmung" geschenkt bekam und sich nun freut, durch die Aktion in dieser Kolumne „in jeder Hinsicht alten Freunden wiederbegegnet zu sein". Ein schöner Schlussmoment für heute. Bleiben Sie gesund.

Freitag, 8. Mai

Frei sein, menschlich bleiben

„Sie standen da, hielten ihre Brottaschen in der Hand und schwiegen." Mit diesem schlichten Satz endet nach 1.048 Seiten Wassili Grossmanns großer Roman „Leben und Schicksal".

Kritiker haben das monumentale Buch des russischen Autors, der den Zweiten Weltkrieg als Korrespondent der Armeezeitung „Roter Stern" hautnah miterlebte und zu einem unbeugsamen und unbequemen Chronisten seiner Zeit wurde, mit Leo Tolstois „Krieg und Frieden" auf eine Stufe gestellt.

Für mich ist dieses Epos, in dessen Zentrum die Schlacht um Stalingrad steht, eines der spannendsten, schonungslosesten und am großartigsten erzählten Bücher über den Zweiten Weltkrieg, dessen Ende wir heute zum 75. Mal gedenken. Aus diesem Grund – und im Gedenken an die Opfer des Krieges und die, die dafür gekämpft haben, uns von der Nazi-Diktatur zu befreien, möchte ich Ihnen dieses Buch heute eingangs dieser Kolumne wärmstens ans Herz legen.

Das Buch, an dem Grossmann 20 Jahre arbeitete und das in der Sowjetunion „verhaftet" wurde, um sein Erscheinen für immer zu verhindern, wird Sie nicht wieder loslassen, denn Grossmann geht es um nicht weniger als die Frage: „Was muss der Mensch tun, um seine Menschlichkeit zu bewahren?" In der Tat eine große, uns alle herausfordernde Lebensaufgabe. Gehen Sie mit Wassili Grossmann auf Antwortsuche. Es lohnt sich.

Jetzt kommen wir zu Ihren Büchern, die sie an Position

30 in Ihren Regalen entdeckt haben. **Annelore Flocken-haus** aus Bielefeld hat dort Marcel Reich-Ranickis „Ein Jüngling liebt ein Mädchen – Deutsche Gedichte und ihre Interpretationen" gefunden. Als Kritiker war mir MRR ja zu eindimensional. Was aber seine Lebensleistung und sein Leben angeht, ziehe ich meinen Hut vor ihm.

Sehr freut es mich, dass **Jens Pape** den 23. Band der Asterix-Reihe mit dem Titel „Obelix GmbH & Co. KG" im Regal stehen hat und die wunderbaren Comics von René Goscinny und Albert Uderzo so ihren Weg in diese Kolumne finden. „Man kann sie immer wieder lesen", schreibt unser Leser. Unterschreibe ich sofort, und ganz besonders schätze ich Band 20, „Asterix auf Korsika". So geht Widerstand.

„Zum Glück war nicht Buch Nr. 31 gefragt – da hätte ich noch einmal in Goethes Italienische Reisen eintauchen müssen", schreibt **Jörg-Ingo Peter** aus Bielefeld mit einem Augenzwinkern, das ich zu vernehmen meine. An Platz 30 fand sich bei ihm ein schmales Bändchen von Siegfried Lenz mit dem Titel „Der Geist der Mirabelle: Geschichten aus Bollerup". „Mit ihren schrulligen Typen erinnern mich die zwölf skurrilen Geschichten ein wenig an Typen aus heutigen TV-Staffeln wie ‚Neues aus Büttenwarder'", schreibt unser Leser. Das könnte was für mich sein, denn ich habe einen Faible für den norddeutschen Menschenschlag und zum Leidwesen einiger auch für die genannte Sendereihe, die ich eine Zeit lang immer im Winter auf Mallorca geschaut habe – bis keiner mehr mit mir vorm Fernseher sitzen wollte.

Das Buch Nummer 30 im Regal der Bielefelderin **Marlene**

Brinkmann stammt von Laura Waco und trägt den Titel „Von Zuhause wird nichts erzählt. Eine jüdische Geschichte aus dem Nachkriegs-Deutschland". Sie habe es noch nicht gelesen, so unsere Leserin. Der Titel klingt spannend und passt zum Ende der Kolumne an diesem 8. Mai, dem 75. Jahrestag der Befreiung vom Faschismus. Bleiben Sie gesund

Samstag, 9. Mai

Hätte, hätte Fahrradkette

Würde der Flieger am kommenden Montag pünktlich abheben, dann hätte ich spätestens am frühen Abend im Hafen von Portocolom auf Mallorca gesessen und sicherlich bereits mein erstes Gläschen Weißwein auf den Beginn meines 14-tägigen Urlaubs getrunken, ein paar Tapas dazu gegessen, gelauscht, wie die Wellen leicht an die Kaimauer schlagen und beobachtet, wie die Boote auf ihnen tanzen. Doch wie sagte Peer Steinbrück, unser ehemaliger Finanzminister, immer so schön: „Hätte hätte Fahrradkette".

Ja, Mallorca fällt aus. Der Urlaub nicht und auch die Kolumne nicht. Ich schreibe weiter – Literaturtipps aus dem Urlaub sozusagen. Doch eine Vorwarnung sei erlaubt – mit Folge 50 wird diese Kolumne am 21. Mai leider enden. Nicht traurig sein, niemals geht man ja bekanntlich so ganz, und ich schon gar nicht. Ich werde weitere Inhalte entwickeln, da sich sehr viele von Ihnen eine Fortsetzung dieser dialogischen Kolumnen-Form gewünscht haben. Und auch das sei schon verraten. Im Bielefelder Kunstsinn Verlag werden spätestens Mitte Juni alle 50 Kolumnen als Buch erscheinen. Nun auf zu Ihren Büchern.

Die Bielefelderin **Helene Ulrich,** die mir immer so schöne, auf ihrer Schreibmaschine getippte Briefe schickt, empfiehlt uns zur Lektüre Peter Pranges Roman „Eine Familie in Deutschland – Zeit zu hoffen, Zeit zu leben". Der Roman habe sie in ihre Kindheit zurückversetzt, schreibt unsere Leserin und attestiert dem Autor: „Ja, genauso spielte sich das Leben damals in den Familien und Freundeskreisen bis zum Zweiten Weltkrieg ab." Ich hab's nicht gelesen. Fand aber die Verfilmung von Pranges „Unsere wunderbaren Jahre" ansprechend.

Auch **Rudolf Wakup** aus Paderborn nutzt die Schreibmaschine. Er rät zur Lektüre von Denis Diderots „Jacques der Fatalist und sein Herr" und ist fasziniert von dem ständigen Dialog der beiden über die Liebschaften von Jacques und ihren Erörterungen über die Willensfreiheit. Was ja, wie ich nun wiederum finde, nicht schlecht in diese seltsame Zeit passt.

In die passt auch der Lektürevorschlag von **Franz J. Girmes** aus Dörentrup. Er empfiehlt Thomas Mullens „Die Stadt am Ende der Welt". „Es ist schon erschreckend, wie sich Gesellschaften in Krisen verhalten", schreibt er über das Buch. Kannte ich bisher nicht.

Auch die Bücher von Gabriele Tergit sagen mir leider nichts. Dafür aber der Gütersloherin **Sibille Schäfer,** die zur Lektüre von deren Roman „Käsebier erobert den Kurfürstendamm" rät. Der Held sei ein Stimmungssänger, „der von einem pfiffigen Journalisten entdeckt und nach oben geschrieben wird", so Schäfer, die das Buch zudem schätzt, „weil es eine hinreißende Satire auf die Presselandschaft nicht nur des Berlins der Weimarer Republik ist". Reizt mich.

Cees Notebooms „Der Umweg nach Santiago" legt **Joachim Etzrodt** aus Paderborn uns an Herz. „Ein Buch für alle Spanienliebhaber, die nicht nur am Strand liegen wollen und derzeit nur virtuell dort hinreisen können. Geschichte, Geografie, Kultur und die Seele des Landes werden in großer Tiefe und Klarheit erfasst." Klingt, als hätte der große niederländische Erzähler es für mich geschrieben. Ein schöner Ersatz für Malle. Ich greife zu und wünsche ein schönes Wochenende. Bleiben Sie gesund.

Montag, 11. Mai

Radikalität und Meisterschaft leben

Nuschelsänger Udo Lindenberg hat etwas sehr treffliches über das Altwerden gesagt, nämlich dies: „Alter bedeutet Radikalität und Meisterschaft." Wenn ich mir Hannelore, meine 86-jährige Schwiegermutter (die beste der Welt übrigens), anschaue, dann kann ich nur sagen: er hat recht. Sich nicht vergraben daheim, rausgehen, Kontakte pflegen, mitmischen, zum Stammtisch gehen und immer schön den Mund aufmachen auch im Alter. Das gefällt mir an ihr. Überhaupt ist das kein schlechtes Lebensmotto, das Udo rausgehauen hat. In diesem Sinne munter auf in die neue Woche mit den Büchern an Position 30 in Ihren Bücherregalen und den Lesetipps aus meinem Home-Office, das nun zum Urlaubs-Office geworden ist.

Barbara Petschik hat eine interessante Entdeckung gemacht. „Aus Spaß habe ich in meinem Bücherschrank nach dem 30. Buch gesucht und ‚Alte Liebe' von Elke Heidenreich und Bernd Schroeder entdeckt. Aus einer Laune heraus habe ich mir noch eine andere Reihe Bücher vorgenommen und auch das 30. Buch von links ausgezählt und siehe da, ‚Alte Liebe' zum Zweiten. Ich wusste gar nicht, dass ich dieses Buch doppelt besitze." Das Autorenpaar verstehe es, mit gekonnten Dialogen ihr gemeinsames Leben lebenswert zu machen, schreibt unsere Leserin und betont: „Vielleicht eine Anregung, gerade in der jetzigen Zeit, in der man zu Hause immer beieinander ist, einen anderen, etwas leichteren Blick zu bekommen." Und doppelt hält ja bekanntlich auch noch besser.

Erstaunt war **Gisela Stöteknuel** aus Blomberg über ihr Buch an Position 30. Dort steht Theodor Storms „Der Schimmelreiter". „Diese Geschichte hat mir in der Schule Angst und Furcht eingeflößt, gleichzeitig aber auch Respekt vor Naturgewalten und dem Arbeitswillen der Menschen vermittelt", berichtet sie, die Parallelen sieht zwischen den Debatten zur Rettung der Menschen vor der Sturmflut bei Storm und unseren Corona-Diskussionen. Interessant: Auch bei mir hat das Buch ähnliche Gefühle ausgelöst. Wohl kein Wunder, meine Heimatstadt Wilhelmshaven liegt unter dem Meeresspiegel. Brechen die Deiche, saufen die Menschen ab.

Keine schlechte Überleitung zum Bücherfund der Gütersloherin **Helga Drewell,** die mir auf wunderschönem Briefpapier handschriftlich geschrieben hat. Ihr Buch an Position 30 trägt den Titel „Königin der Meere". Geschrieben wurde es von Marianne Langewiesche, die die Geschichte Venedigs von 600 bis 1798 erzählt. Bekommen habe sie das Buch 1956 zu ihrer Hochzeit. Mitgeschickt hat Frau Drewell uns eine Textstelle, in der der Niedergang Venedigs in drastischen Worten beschrieben wird, die mit dem Satz „Venedig ist verloren" endet. Anklänge an unsere Bedrohung durch die Corona-Pandemie sind nicht zu überhören. Spannendes Buch über eine Stadt, die der Massentourismus zu Grunde zu richten droht.

Bedroht ist ja auch unser Planet in Gänze. Dazu passt es, dass **August Nagel** aus Detmold in seinem Regal Hans Habers „Unser blauer Planet" entdeckt hat. „Unsere Erde steht auf dem Spiel, wenn wir abseits der Corona-Krise mit ihm so weitermachen! Ein Zufall jetzt dieser Treffer!?", fragt unser Leser. Ich glaube nicht.

Dienstag, 12. Mai

Abstandsmenschen
mit lächelnden Augen

Kurt Kister, wortmächtiger Chefredakteur der Süddeutschen Zeitung und einer der das Fabulieren gekonnt beherrscht, hat uns Corona-Menschen kürzlich mit dem Wort „Abstandsmenschen" charakterisiert. Sehr treffend formuliert und gleichzeitig erschreckend. Ich will als Mensch berührbar sein und berühren, das macht uns doch aus. Möge der Abstandsmensch also bald lieber wieder verschwinden, wobei ich zugeben muss, so einige Zeitgenossen dürfen gerne weiter auf Abstand bleiben. Oder ist das jetzt zu böse formuliert in diesen seltsamen Tagen?

Auf zu den Büchern. Das gab's bisher noch nicht in dieser Kolumne. Der Bielefelder **Bernd Ackehurst**, „leidenschaftlicher Leser von eBooks", wie er schreibt, hat nicht in seinem Regal, sondern in seinem eBook-Reader nach Buch Nummer 30 gefahndet. „Dort habe ich den eindrucksvollen Roman ‚Zwei Herren am Strand' von Michael Köhlmeier gefunden." Thema des Buches sei die Freundschaft zwischen Charlie Chaplin und Winston Churchill. Ackehursts Urteil: „Ein Roman, der die Freundschaft dieser beiden unterschiedlichen Giganten der Weltgeschichte eindrucksvoll beleuchtet. Eine Geschichte, die sehr emotional auf diese Männerfreundschaft eingeht. Wir haben diesen Roman in unserem Literaturkreis gelesen. Die einzige Enttäuschung für uns damals war, dass es sich um eine fiktive Geschichte handelt. Die beiden kannten sich im realen Leben nicht."

Das hätte ich auch gerne gesehen, wie die beiden sich zusammen über den von Chaplin verkörperten „Großen Diktator" bei einem Gin im Bett von Churchill beömmeln. Das Buch werde ich mir auf meinen e-Reader ziehen, womit verraten ist, dass ich zu den Hybrid-Lesern gehöre, die analog und digital unterwegs sind. Wie halten Sie es mit den elektronischen Lesegeräten?

Im analogen Regal steht bei **Silke Goevert** aus Gütersloh Irmgard Keuns „Nach Mitternacht" auf Platz 30. „Mit den Augen einer jungen lebenslustigen Frau in den 1930er Jahren wird deren turbulenter Alltag zwischen Arbeit und Feiern gezeigt. Ganz allmählich schleicht sich das Unheil der Vor-Nazi-Zeit ein. Klug und mutig macht sie ihre Beobachtungen und zieht ihre Schlüsse daraus." Mit diesen Worten empfiehlt unser Leserin uns die Lektüre des Buches. Von Frau Keun habe ich bisher nichts gelesen, nicht mal ihren berühmten Roman „Das kunstseidene Mädchen" – könnte ein Fehler gewesen sein.

„Wenn ich Ihre Lesetipp-Kolumne entdecke, huscht ein Lächeln über mein Gesicht", schreibt **Gertraud Schröder** in ihrer Mail, in der die Lipperin ihr 30. Buch vorstellt – die Autobiografie der in Detmold lebenden Autorin Margitta Sünwoldt „Von Königsberg bis 80". „Die 80 steht für das Alter der Autorin", schreibt unsere Leserin und fügt hinzu: „Ungeschönt und prägnant berichtet sie von ihrem bewegten Leben, der Flucht aus Ostpreußen und dem Verlust der Heimat. Durch das Buch wurde mir bewusst, was für ein ruhiges, behütetes Leben ich im Gegensatz zu ihr geführt habe, nach dem Krieg im Lipperland geboren, nie etwas Schlimmes erlebt, ständig auf einem ruhigen Weg nach oben." Aber jetzt, mit der Corona-Krise, wanke auch die Welt ihrer Generation, schreibt sie und schließt ihre Mail mit den Worten: „Wir tragen Gesichtsmasken, wir haben Angst. Wir lächeln jetzt mit den Augen." Treffend formuliert. Bleiben Sie gesund.

Mittwoch, 13. Mai

Zugenommen wie die Italiener

Mein Wechsel vom Home- ins Urlaubs-Office hat reibungslos geklappt. Zwei Dinge gefallen mir in dieser sonderbaren Zeit dabei gerade besonders: Meine Stammkneipe macht wieder auf, und ich weiß die Italiener an meiner Seite. Durchschnittlich zwei Kilogramm haben diese während der zweimonatigen, strengen Corona-Ausgangssperre an Gewicht zugelegt, weiß die Statistik. Ich kenne da noch einen, auch wenn der einen deutschen Pass hat.

Nun zu Ihren Büchern.

Unterhaltsames hat an 30. Stelle in seinem Bücherregal **Gerald Paetzer** aus Bielefeld-Kirchdornberg entdeckt. Und zwar „Lieber Gott, Du bist der Boß, Amen! Dein Rhinozeros – Komische deutschsprachige Gedichte des 20. Jahrhunderts", die Christian Maintz zusammen mit Zeichnungen von Cornelia von Seidlein herausgegeben hat. Unser Leser schreibt über das Buch: „Ein äußerst vergnügliches Kompendium geistreicher Blödeleien, welches die komische und witzige Seite deutschsprachiger Lyrik des 20 Jahrhunderts versammelt." Verse von Harry Rowohlt, Eugen Roth, Joachim Ringelnatz, Erich Kästner, Ernst Jandl, Kurt Tucholsky, Robert Gernhardt und vielen anderen „erzeugen ein herzerfrischendes Lachen bei mir", so Herr Paetzer. Gefällt mir. Lachen im Urlaubs-Office ist ja was Schönes, gerade auch, wenn die Welt da draußen so blöd daherkommt.

In die Ferne geht's mit **Franz Ahrens** aus Detmold. An Position 30 findet sich bei ihm unter mehr als 60 Bergbüchern dieser Bildband im Regal: „Nepal, Bilder aus dem Kathmandu-Tal." Zusammengestellt haben diesen Hans Weber, Fotojournalist, und Gisela Bonn, Autorin politischer und kultureller Beiträge über den indischen Subkontinent. Gelesen habe er den „Bildband mit sehr viel Text" 1986 vor seiner Reise nach Nepal mit Umrundung der Annapurna (8.100 Meter) und erfolgreicher Besteigung des 6.100 Meter hohen Pisang-Peak. Vor solcher Leistung ziehe ich meinen Hut. Ich schätze den indischen Subkontinent sehr, scheue aber die Höhe und habe mir aus Darjeelings schöner gleichnamiger Hauptstadt den

Kangchendzönga – mit 8.586 Metern der dritthöchste Berg der Welt – mit großem Respekt angeschaut. Typisch Abstandsmensch eben.

Einen eher unbekannten Autoren hat **Klaus Jacobsen** aus Borchen mit Steffen Pichler in seinem Regal ausfindig gemacht. „In seinem Buch ‚Der Goldene Frühling' spannt der Autor einen Bogen von 1888 bis 2038, in dem die Menschheit in einer Pandemie (das Buch erschien 2019!) um ihr Überleben kämpft", schreibt unser Leser, der betont: „Beklemmende Aspekte genauso wie Aufbauendes, dabei auch viel Spannung finden sich in dem Roman."

Sigrid Lindemann hat mit ihrer Enkelin Buch Nummer 30 in ihrem Regal ausgezählt und ist auf „Die Briefe der Kaiserin Maria Theresia" gestoßen. Sie erinnert sich, „darin immer mal wieder nachgelesen zu haben". Begeisterung für ein Buch klingt anders.

Gabriele Gundlach hingegen hat an den Positionen 30 bis 34 „Bücher zum Verschlingen" ausgemacht und zwar die Bände „Der Schatten des Windes", „Das Spiel des Engels", „Der Gefangene des Himmels" und „Das Labyrinth der Lichter" von Carlos Ruiz Zafón. „Die heimliche Hauptfigur der Bücher ist Barcelona", schreibt sie. Die kenn' ich ein wenig. Da muss ich mal wieder hin. Nach Corona. Bleiben Sie gesund.

Donnerstag, 14. Mai

Ein Regalmeter Triest

Ich möchte Sie heute entführen. In den äußersten Nordosten Italiens – nach Triest. Eine meiner Lieblingsstädte. Eine Stadt, die ein ganz besonderes Flair hat, das auch daher rührt, dass sie, die dem Mittelmeer einfach den Rücken zukehrt, von Habsburgern, Italienern, Slowenen, Kroaten, Griechen, Deutschen und Juden kulturell geprägt wurde. Zudem hat Triest unglaublich viele Literaten hervorgebracht oder beheimatet. Auf mehr als einem Regalmeter tummeln sich die Bücher der Triestiner Autoren in meinem Regal.

Ich nenne von ihnen hier Italo Svevo, der eigentlich Ettore Schmitz hieß, und einen großartigen Roman über die letzte Zigarette schrieb, den wunderbaren Dichter des „Canzioniere" Umberto Saba, Scipio Slataper, der den Karst, der gleich hinter Triest aufsteigt, einen „furchtbaren, versteinerten Schrei" nannte, den avantgardistischen slowenischen Lyriker Srecko Kosovel, den Iren James Joyce, Rainer Maria Rilke, der im Schloss Duino bei Triest einige seiner Duineser Elegien schrieb, den Istrier Fulvio Tomizza, den 106 Jahre alten Boris Pahor, der mit „Nekropolis", dem slowenischen Widerstand ein Denkmal setzte, und last but not least dem Triestiner Autor schlechthin: Claudia Magris, der zusammen mit Angelo Ara den Klassiker „Triest" schrieb, den Sie zuerst lesen sollten, denn das Buch schließt auf, wie sich diese Stadt zu einer literarischen Hauptstadt in Mitteleuropa entwickeln konnte. Und danach: Eintauchen in die so vielschichtige Triestiner Literatur, auf in die Stadt daselbst, in den Karst und dabei die vielfältige Triestiner Küche und den Wein des Karsts nicht außer acht lassen. Doch halt, bevor ich von Triest nicht lassen kann, hier Ihre Lesetipps.

Auf ein Buch bleiben wir noch am Mittelmeer. **Frank-Michael Masseida** empfiehlt uns Fernand Braudels „Das

Mittelmeer und die mediterrane Welt in der Epoche Philipps II". Dazu schreibt er: „Dieses einzigartige Werk über die Mitte des 16. Jahrhunderts umfasst etwa 1.900 Seiten und lässt sich im Sommerurlaub leicht bewältigen." 1.900 Seiten mal ebenso – nicht schlecht.

Mit Gewässern hat auch der Tipp von **Michael Klemcke** aus Bielefeld zu tun. Er rät zur Lektüre von Patrick Svenssons „Evangelium der Aale". Das Buch über „die geheimnisvollen Aale" habe ihn sehr gefesselt. „Der Autor erinnert sich in seinem Werk einerseits an das Aalefischen mit seinem Vater und schreibt darüber in wunderbaren Episoden. Auf der anderen Seite holt er aus zu einer faszinierenden Geschichte des Aals." Er habe bisher nicht gewusst, „wie sehr die ,Aalfrage' die Menschen seit der Antike umtreibt", schreibt der Bielefelder und betont: „Das Buch lädt dazu ein, in größeren Zeitzusammenhängen zu denken." Das alles dank der Aale, die ich als Kind am liebsten geräuchert sah. Nicht schlecht.

Wir bleiben am Wasser. „Ein doppelbödiger Roman um Zerfall und Schicksal, Begehren und Loyalität, Identität und Verlust. Sehr berührend!" Mit diesen Worten charakterisiert **Gundi Hartwich** aus Porta Westfalica Margriet de Moors Roman „Sturmflut", in dem es unter anderem um die große Sturmflut im Jahr 1953 in den Niederlanden geht, bei der fast der ganze Südwesten des Landes von der Landkarte gefegt wurde und 2.408 Tote zu beklagen waren. Zudem spielen zwei Schwestern eine Rolle und der Versuch, ein richtiges Leben im Falschen zu führen.

Klingt spannend für einen wie mich, der von Achtern Diek stammt. Bleiben Sie gesund.

Freitag, 15. Mai

Jede Stunde jünger werden

Nachdem ich zum 8. Mai Wassili Grossmanns Epos „Leben und Schicksal" zur Lektüre empfohlen hatte, schrieb mir **Heinz Heienbrok,** dass man neben ihm die großen russischen Dichter Ossip und Nadeschda Mandelstam sowie Anna Achmatowa nicht vergessen dürfe. Unser Leser aus Enger hat recht, und ich nutze die Gelegenheit, Ihnen dieses titellose Gedicht von Anna Achmatowa von 1917 vorzustellen, weil ich es so sehr liebe: „Mit dem Morgengrauen erwachen, / Atemlos gewürgt vom Glück, / Zum Kajütenfenster drehn / Auf die grüne wandernde Welle, / Und an Deck im trüben Wetter, / Tief im Flaumpelz eingehüllt, / Die Motoren hören, / Nun an nichts und niemanden denken, / Und doch bis zum Wiedersehn / Mit dem, der mein Stern nun ist, / Im salzigen Regen und im Wind / Jede Stunde jünger werden."

Nun zu Ihren Tipps. Die Bielefelderin **Helga Zeile** schreibt: „Ein Buch in meinem Bücherregal lässt mich im Augenblick nicht los." Es handele sich um F. C. Weiskopfs „Abschied vom Frieden". Sie nennt den Stil des Autors „realistisch". Sein Buch spiele in Österreich während der Krise, die zum Ersten Weltkrieg geführt habe. „Viele Empfindungen der Hauptfigur korrespondieren mit denen, die wir heute angesichts der Corona-Krise haben – auch mit denen, die damit verbunden sind, dass der letzte Krieg gerade 75 Jahre her ist", schreibt unsere Leserin. Klingt lesenswert. Mal schauen, ob ich zugreife.

Gute Chancen hat bei mir auch der Tipp von **Wallburgel Hatzl** aus Lemgo. Warum? Weil ein „etwas heruntergekommener Journalist" im Zentrum des von ihr empfohlenen Romans mit dem Titel „Geschenkt" von Daniel Glattauer steht. Dieser schreibt nur noch für kostenlose Blättchen kleine Anekdoten über Menschen in Schwierigkeiten. Da passiert es, dass vor allem diese Menschen jeweils eine anonyme Spende von 10.000 Euro erhalten. „Peu à peu geht es dadurch auch mit dem Journalisten wieder bergauf", schreibt unsere Leserin und betont: „Die Geschichte stimmt positiv. Ich kann sie nur empfehlen." Positive Stimmung, wer kann die nicht gerade jetzt gebrauchen. Ich aber werde auch reinlesen, weil ich Bücher über meinen eigenen Berufsstand einfach nicht links liegenlassen kann. Eines der besten und unterhaltsamsten über uns Journalisten hat Tom Rachmann mit seinem Roman „Die Unperfekten" geschrieben. Der Titel sagt schon alles. Lesen, und sie werden besser verstehen, mit wem Sie es hier so zu tun haben.

Ebenfalls aus Lemgo stammt der nächste Lesetipp, den **Teda Wellmer** uns geschickt hat. Sie legt Ihnen und mir die Lektüre von Joachim Meyerhoffs Autobiografie „Wann wird es endlich wieder so, wie es nie war" nahe. Ihr gefalle in diesen Zeiten bereits der Titel „ganz besonders". Wunderbar sei es, wie der Schauspieler, der einst am Bielefelder Theater debütierte, die komischsten Vorkommnisse schildere, aber auch die traurigen Augenblicke nicht auslasse. „Wenn man mit diesem Buch beginnt, will man für lange Zeit nicht gestört werden", verspricht Frau Wellmer. Ich erinnere mich, dass meine Kollegin Anke Groenewold das Buch 2017 in dieser Zeitung vorgestellt hat. Ihr Urteil: „Am Ende ist der junge Joachim unter Schmerzen gereift und der Leser um eine tragikomische Lektüre reicher." Hört sich gut an. Bleiben Sie gesund.

Samstag, 16. Mai

Hilfe, ich retardiere

Langsam aber sicher verstärkt sich mein Eindruck, ein Fall für die Forschung zu sein. Denn je länger mein durch die Corona-Pandemie bedingtes Abstandsmensch-Dasein so andauert, desto mehr habe ich das Gefühl zu retardieren. Wie sich das äußert? Nun ja, seit dem Lockdown esse ich wieder Kinderschokolade. Am liebsten die großen Riegel in der 18er XXL-Box. Damit nicht genug. Neuerdings liegt ständig Prinzenrolle im Vorratsschrank – und muss ziemlich oft nachgekauft werden. Dann ist da noch das: Ich hänge wie einst meine Oma Mettendchen zum Nachreifen auf, damit sie fester und schmackhafter werden und futtere sie wie früher als Kind nur so weg. Nun frage ich mich, gibt es eine Korrelation zwischen Corona-Krise und diesem retardierenden Verhalten und hört das womöglich erst mit der Einnahme von Babybrei auf? Was sagt die Wissenschaft?

Nun aber zu Ihren Lesetipps. **Gisela Forner** aus Bielefeld rät zu Nina F. Mays „Imaginate – Der Nachttannenturm". Ein Titel, der mir überhaupt nichts sagt, über den unsere Leserin schreibt: „Die Autorin entführt uns mit geistvollen Wortspielereien in ein Land mit Trollen und Elfen. Ich nenne das Buch ein Märchen für Erwachsene und das richtige Werk, um sich in dieser schlimmen Zeit hinfort zu träumen." Noch weniger als mit Krimis habe ich es ja mit Fantasy-Werken. Aber das muss niemanden von diesem Buch abhalten.

Im Kalletal ist **Maritta Dittberner-Hardt** daheim. Sie legt uns „Die Schachspielerin" von Bertina Henrichs ans Herz. „Die Autorin erzählt von einer einfachen Frau auf Naxos, die sich in ein ungewöhnliches Abenteuer stürzt", sagt sie und betont: „Ein sehr emanzipatorisches Buch, das uns durch den Charme sonniger einsamer griechischer Inseln betört." Sich betören zu lassen, hat etwas Schönes. Lyrik oft auch. Und so empfiehlt **Elke Kaiser** aus Lage die Anthologie „Jahrhundertgedächtnis – Deutsche Lyrik im 20. Jahrhundert". „Was gibt es da nicht zu entdecken und zu erinnern. Ich bin mittlerweile über 80 und lasse die Gedichte von Nietzsche über Ricarda Huch, R.A. Schröder, Brecht und Kästner, über Celan und Rose Ausländer bis hin zu Zehra Cirak an mir vorüberwandern", formuliert unsere Leserin und betont: „Lyrik hilft wunderbar in diesen Tagen der Vereinsamung!"

Kritik kam auch. **Hiltrud Böcker-Lönnendonker** aus Bielefeld nennt meine Liste mit Triestiner Autoren vom Donnerstag zwar „absolut beeindruckend und auch berechtigt", wendet aber ein: „Darf es in Corona-Zeiten nicht auch ein bisschen weniger anspruchsvoll sein?" Darf es. Und so rät uns die Kritikerin zu Veit Heinichen, der seit Jahren in Triest lebt und seinen Commissario Laurenti dort ermitteln lässt. „Der Autor ist für Triest mindestens das, was Donna Leon für Venedig ist, allerdings ist er kritischer und vielleicht deshalb nicht ganz so bekannt", schreibt sie. Ich habe mehrere seiner Triestiner-Krimis gelesen und nur eins gegen sie – sie sind mit den Jahren nicht stärker geworden. Schönes Wochenende. Bleiben Sie gesund.

Montag, 18. Mai

Zurück zum Testbild

Thomas Gottschalk wird heute 70. Glückwunsch. Damit stammt er noch mehr aus dem Fernsehzeitalter als ich, in dem das Testbild noch regelmäßiger Begleiter des TV-Zuschauers war. Ein skurriles Bild war das schon, das ich mir aber nicht erst seit der Corona-Pandemie zurückwünsche. Warum?

Die öffentlich-rechtlichen Sender, von den Privaten schweige ich lieber gleich, wissen doch längst nicht mehr, wie sie rundum die Uhr und Tag für Tag ihre Sendezeit sinn- und gehaltvoll ausfüllen sollen. In der Corona-Krise, in der neue Produktionen ausbleiben, weil nicht mehr genug gedreht werden kann, fällt noch mehr auf, wie sehr ARD und ZDF und vor allem die ganzen Dritten von Wiederholungen, billigen Koch-, Spiel-, Rateshows und Krimis, Krimis und nochmals Krimis leben. Müssten sie nicht. Sie müssten einfach nur den Mut haben, ihre Sendezeiten deutlich zu reduzieren, wieder Testbilder zu senden und die verbliebene Zeit mit den starken Produktionen zu bestücken, die sie sonst immer so gerne ins Nachtprogramm verschieben. Der Rundfunkbeitrag könnte so auch gleich sinken. Es lebe das Testbild.

Aber zum Start der Woche schwenke ich ohnehin lieber hinüber zu Ihren Lesetipps. **Cornelia Moritz** aus Werther empfiehlt „Das Café am Rande der Welt" von John Strelecky. Sie schreibt: „Ein kleines, feines Buch über den Sinn des Lebens, das mich sehr beeindruckt." Zudem rät sie noch zu einer „ungewöhnlichen, bezaubernden Liebesgeschichte" und zwar „Und jetzt lass' uns tanzen" von

Karine Lambert. Ich kenne beide Bücher nicht. Eine Bildungslücke?

Die hält auch bei dem Tipp von **Barbara Frodermann** an. Die Bielefelderin bekennt, „immer wieder gerne ‚Das geheime Tagebuch' von Samuel Pepys aus dem Regal zu holen. Ein kulturgeschichtliches Dokument aus dem England des 17.Jahrhunderts, das auch die Pest beinhaltet."

Jetzt hat's ein Ende mit meinem Nichtwissen. **Georg-Dietrich Kunzendorf** rät uns zu Dörte Hansens „Mittagsstunde" und schreibt: „Für meine Frau, die im Norden groß geworden ist und mit Vater und Oma Platt sprach, war ihr Buch eine faszinierende Lektüre." Ihn habe am meisten beeindruckt, wie die Autorin ohne Bitterkeit, fast humorvoll die sozialen Folgen der Flurbereinigung für die Dorfgemeinschaft nach dem biblischen Motto geschildert habe: „Wer da hat, dem wird gegeben, wer da nicht hat, dem wird genommen, was er hat". Fazit des Tippgebers: „Und doch ein Lesevergnügen."

Ob dem folgenden Lesetipp ein Lesevergnügen folgt, weiß ich nicht, aber das Thema ist brandaktuell. **Romy Suhr** legt uns „Der tanzende Direktor" von Verena Friderike Hasel ans Herz. „Dieses Buch passt wunderbar in eine Zeit, die – wenn genutzt – Spielräume bietet, um Schule anders zu denken und umzusetzen beziehungsweise Bildung einen neuen Fokus zu geben", fasst die Bielefelderin zusammen und ergänzt: „Der Blick auf das Bildungssystem in Neuseeland lässt einen als Leser beeindruckt zurück – und verwundert, dass so ein klares und in sich logisches System nicht überall existiert. Man wünscht sich einfach dieses ‚Whanaungatanga' – eine Art Gemeinwohlsinn – her, dem sich auch alle bildungspolitischen Maßnahmen unterordnen." Reizt mich.

Dienstag, 19. Mai

Für die Gesundheit unserer Erde

Das etwas weiter unten folgende Gedicht ist eine schöne Eröffnung für die heutige Kolumne, steckt in ihm doch etwas sehr Optimistisches, wovon wir vor allem angesichts der ungewissen ökonomischen Perspektive und dem weiteren Zustand unserer Welt sicherlich etwas gebrauchen können. Mitgeschickt hat das „Oktoberlied" **Annegret Gerdes.** Geschrieben hat es Theodor Storm, und in der zweiten Strophe heißt es: „Und geht es draußen noch so toll, / Unchristlich oder christlich, / Ist doch die Welt, die schöne Welt, / So gänzlich unverwüstlich!" Unsere Leserin spricht dazu die Hoffnung aus: „Möge er recht haben!" In der Tat.

Als „absurde Zeit" bezeichnet **Sebastian Schulte** aus Delbrück die Phase, in der wir gerade leben. Dazu passe auch sein Buchtipp, denn „Hartmut und ich" von Oliver Uschmann sei der Auftakt zu einer „absurden Buchreihe", in deren Zentrum eine von Philosophiestudent Hartmut, und einem Paketdienstmitarbeiter („Ich") gegründete Männer-WG stehe. „Die Romane sind eine Ansammlung von skurrilen Geschichten. Oder wie soll man es sonst nennen, wenn der aktionistische Hartmut bei einem Weihnachtsmarkt in der Straße mal eben demonstrativ das Haus verdunkelt oder die ganze Siedlung von Strom befreit um damit den Gemeinschaftssinn zu fördern?", schreibt unser Leser.

Als ehemaliger Bewohner einer Männer-WG im Bielefelder Westen am Siegfriedplatz gelegen, könnte ich auch so manche Skurrilität auftischen. Lasse es aber lieber, nicht dass zum Beispiel die Polizei nachträglich doch noch unsere nächtliche Mülltonnen-Leerung ahndet. Wir hatten sie mal wieder nicht an die Straße gestellt und karrten die beiden schwarzen Tonnen im Kofferraum unseres Wagens gen Uni, um sie in die Großcontainer zu leeren. Ginge heute nicht mehr. Rücken!

Zu einem Autor mit Bielefelder Wurzeln, der vierte bisher in dieser Kolumne, rät uns **Gerburg Barckow** aus Paderborn. Sie empfiehlt Tilman Rammstedts „Der Kaiser von China" und schreibt zu ihrem Tipp: „In Zeiten von Corona fast unvorstellbar, dass jemand sich nicht nach einer Urlaubsreise sehnt. Rammstedt schreibt unter seinem Schreibtischversteck her sein fingiertes Tagebuch so herrlich skurril und schwungvoll, furios und witzig, dass die Reise nach China vielleicht wirklich verzichtbar war – aus heutiger Sicht sowieso."

Der Bielefelder **Hans-Werner Güse** legt uns die Lektüre der Kolumnen meines ehemaligen Kollegen Peter Arbeiter nahe, die unter dem Titel „(Fast) Alltägliches" immer samstags in dieser Zeitung erschienen sind und auch unter diesem Titel in Buchform vorliegen. Er schreibt dazu: „Das Buch erschien zwar schon 1989, ist aber immer noch aktuell und nach wie vor angenehm zu lesen. Alltägliches eben, mit einer Prise Humor und Menschenkenntnis pur." Da hat der Tippgeber sehr recht. Zum Schluss kommt heute **Gisela Broy-Lange** zu Wort. Sie lädt uns ein „Der Mann, der Bäume pflanzte" von Jean Giono zu lesen. „Nur ein kleines, schmales Bändchen, aber eine liebens- und nachahmenswerte und lehrreiche Geschichte von einem Mann, der kurz vor dem Ersten Weltkrieg einfach so Bäume pflanzt, um die Welt schöner zu machen. Wenn alle so handeln würden, wäre das bestimmt gut für die Gesundheit unserer Erde", schreibt unsere Leserin. In der Tat. Bleiben Sie gesund.

Mittwoch, 20. Mai

Ist ja noch hin bis zum Fest

Ich mache ja derzeit Urlaub in der Region statt auf Mallorca. Und siehe da, das Radeln durch Bielefelds Grünzüge, das Wandern durchs romantische Furlbachtal in der Senne, der Weg durchs Hiller Moor und die Tour auf dem Hermannsweg gen Oerlinghausen waren bisher mindestens so entspannend wie das Leben auf der Finca zwischen Portocolom und Felanitx. Und auch essenstechnisch blieben dank der eigenen Küche bisher keine Wünsche übrig. Sieht vielleicht so die Zukunft meines umweltschonenden Daseins aus? Wenn nur das Mittelmeer nicht fehlen würde!

Essen, das ist an diesem Punkt eine gute Überleitung. Ein Buch, das ich unbedingt einmal studieren möchte, hat **Irmengard Neumann** aus Bielefeld zu dieser Kolumne beigesteuert. Es ist ein Kochbuch. Geschrieben hat es Henriette Davidis bereits im Jahr 1851. „Man kämpft sich durch Dragon (Estragon), zwölf Loth Zucker (vier Quentchen oder 1 Eßl.). Der Spargel wird fast eine Std. gekocht, ist wohl auch nicht mit dem zarten Gemüse von heute zu vergleichen", schreibt unsere Leserin leicht augenzwinkernd und merkt an: „Mit dem Buch kommt keine Kochshow im TV mit."

Ich kann dazu auch ein Kochbuch aus fernen Zeiten beisteuern, das in meiner Kochbuchsammlung beheimatet ist. Den Artusi, benannt nach dem Feinschmecker Pellegrino Artusi. Dem Kochbuch wird nachgesagt, mehr für die Einheit Italiens bewirkt zu haben als General Garibaldi. Auch darin finden sich für uns gar abenteuerliche Mengen-, Zutaten- und Garzeitenangaben für die überaus interessanten Rezepte. Allerdings haben die heutigen Herausgeber die Rezepturen auch in modernisierter Fassung hinzugefügt, sodass das Buch sich mit Gewinn nutzen lässt.

Kürzlich schrieb ein Kollege, dass es nun nach der Abflachung der Kurve mit Corona-Infizierten darum gehe, die „Kurve der Dummheit abzuflachen". Dazu passt der Buchtipp von **Günter Schulz,** der uns die Lektüre von Erasmus von Rotterdams „Lob der Torheit (Laus stultitiae)" nahelegt. „Sein satirisches Meisterwerk habe ich mehrfach gelesen. Fazit: Nein! Stultitia (Einfalt, Torheit, Albernheit) ist nicht die Weltherrscherin, als die sie sich selber feiert. Das kann nicht sein, weil's nicht sein darf", schreibt der Detmolder und zitiert Bertolt Brecht: „Es nimmt die Dummheit gerade einmal wieder zu."

Stimmt, und dazu passt die Meldung von gestern. Demnach nimmt Trump seit mehr als einer Woche ein Malaria-Mittel gegen Corona ein und lässt sich mit den Worten zitieren, „er sei immer noch da". Meine gute Erziehung verbietet mir, dieses zu kommentieren.

Auf die Lyrik Jan Wagners macht **Regina Weking** aufmerksam und zwar auf dessen Band „Regentonnenvariationen" aus dem Jahr 2014. „Ein Gedicht aus diesem Buch passt einfach wunderbar in diese Zeit, in der noch nicht alle Läden und Geschäfte wieder öffnen dürfen", schreibt unsere Leserin und hat „requiem für einen friseur" mitgesandt, dessen Lektüre auch mich überzeugt. Spielt Wagner doch gekonnt und augenzwinkernd durch, was uns alles fehlt, wenn der Friseur des Montags seinen Laden geschlossen hat.

Morgen gibt es nun die letzte Ausgabe dieser Kolumne in dieser Form. Da **Gabriele Gundlach** sich unbedingt eine Fortsetzung wünscht, und damit nicht alleine ist, hat sie schon mal einen Lektüre-Tipp für Weihnachten mitgeschickt. Welcher, wird nicht verraten. Ist ja noch hin bis zum Fest. Bleiben Sie gesund.

Donnerstag, 21. Mai

Und morgen? Was wird sein?

Dass ich ein Faible für die Lyrik habe, dürften regelmäßige Leser dieser Kolumne bereits bemerkt haben. Dass ich dabei auch noch gerne sehr kurze Gedichte bevorzuge, ist womöglich auch aufgefallen.

Heute, zum Abschied von der Kolumne mit Ihren und meinen Lesetipps aus dem Home-Urlaubs-Office, möchte ich Ihnen einen Zweizeiler von Giuseppe Ungaretti, der auch zu meinen Lieblingsdichtern zählt, nicht vorenthalten und sein Werk Ihrer Entdeckung anempfehlen. „Ich erleuchte mich / durch Unermeßliches" schrieb der in Alexandria geborene (1888) und in Mailand gestorbene (1970) eigenwillige italienische Dichter im Jahr 1917.

Warum ich das hier einleitend zitiere? Weil sein Kurz-Gedicht sehr schön beschreibt, woran sie als Leserinnen und Leser dieser Kolumne mit ihren täglichen Lektüre-Tipps (mehr als 250 sind es) in den vergangenen rund zehn Wochen mitgebaut haben – an einer „Corona-Bibliothek" von Leserinnen und Lesern für ebensolche. Entstanden ist so eine dialogische Kolumne zwischen Ihnen und mir und auch zwischen Ihnen untereinander, wie mir einige Zuschriften zeigen.

Vor allem aber haben Sie mit ihren Tipps dazu beigetragen, dass wir uns einander den unermesslichen Schatz, den die Literatur der Menschheit birgt, gegenseitig ein wenig mehr erschlossen haben. Sie haben also das getan, was Ungaretti beschrieben hat: sich und andere erleuchtet – aufklärend, mahnend, unterhaltend. Dafür danke ich Ihnen herzlich.

Das eingangs zitierte Gedicht trägt übrigens den Titel „Morgen" und weist damit in die Zukunft. Wie die nach Corona aussehen könnte, würde ich ja gerne von Ihnen wissen. Der französische Skandal-Autor Michel Houellebecq ist sich in seinem Essay, den er in der Frankfurter Allgemeinen Sonntagszeitung veröffentlicht hat, bereits sehr sicher. Er glaube keine halbe Sekunde an Aussagen wie „Nichts wird je mehr sein wie zuvor". „Im Gegenteil, alles wird genau gleich bleiben", schreibt er und endet so: „Wir werden nach dieser Ausgangssperre nicht in einer neuen Welt aufwachen. Es wird dieselbe sein, nur in etwas schlimmer."

Wenn Sie mögen, dann schreiben Sie mir doch unter dem Stichwort „Morgen", wie Sie den Nach-Corona-Morgen sehen – für sich persönlich, unsere Gesellschaft, unsere Welt. Daraus könnte ja eine neue dialogische Kolumne erwachsen. Eine Fortsetzung haben sich viele ja gewünscht. Ich bin gespannt. Bleiben Sie gesund. Wir lesen uns hier wieder.

„Ach, wen vermögen wir denn zu brauchen?"

Könnte es sein, dass wir diese rhetorische Frage Rilkes aus der ersten seiner berühmten zehn ,Duineser Elegien' (1912-1922), die zugleich ein Seufzer, eine Klage ist, nach der Corona-Krise vielleicht anders beantworten wollen als vor ihr? Bücher auf jeden Fall, Bücher vermögen wir zu brauchen, Bücher aller Art für Bedürfnisse und Interessen aller Art. Das sagt dieses Buch, das aus einer Kolumne hervorgegangen ist. Was es heißt, Bücher zu brauchen, erzählen die kleinen Geschichten der Leser, die sie uns um ihre Bücher herum mitgeteilt haben: Alle diese Bücher haben sich irgendwie im Leben bewährt und jetzt, in Zeiten der Krise, erst recht. Sie wurden in einen konkreten menschlichen, immer ganz individuellen Lebenszusammenhang integriert. Ist das banausisch, Bücher einfach zu brauchen? Nun war von Kunst, von Literatur freilich noch gar nicht die Rede, sondern ,nur' von Büchern. Tun wir also diesen Büchern unrecht, wenn wir sie so zu brauchen wissen? Aber wäre dann nicht das Leben selbst banausisch, das Trost, Zuspruch, Rat, Unterhaltung, Zuwendung, Gespräch braucht? Es ist das einzige, was wir haben. Das wird uns derzeit kollektiv, ja global auf die eindringlichste Weise bewusst. Selbst denjenigen, die sich dem religiösen Trost noch anvertrauen können, dass dereinst doch ein ganz anderes, eigentliches Leben komme, kann solche Zuversicht die Wucht der kollektiven Erfahrung, die wir machen müssen, kaum mindern. Auch Religion muss doch dem Leben und damit dem Menschen dienen. Ganz bestimmt handeln viele derzeit aus dieser Motivation heraus. Bücher haben, wie der Theologe Hermann Gunkel einmal von den Psalmen des Alten Testaments gesagt hat, einen Sitz im Leben. Dort, im Leben, erweisen sie sich jetzt, in Zeiten der Krise in ganz verschiedener Weise als sinnvoll und brauchbar.

Unter diesen Büchern, die die Leser uns hier vorstellen, finden sich erstaunlich viele Titel, die man vor Corona vielleicht noch mit einer leichten ironischen Reserve, als seien sie nur etwas für weltfremde Schöngeister, zur schönen Literatur zählte, zur Belletristik, wie man einmal sagte; Klassiker gibt es auch darunter: Goethe, Stifter, Storm, Fontane, Thomas Mann, Rilke; und sie werden jetzt wieder frisch und jung, indem sie gebraucht werden. Biographien, Schmöker und Krimis gehören dazu, Sachbücher ebenfalls. Sogar einzelne Gedichte sind darunter, die sich offenbar im Gedächtnis festgesetzt haben. Alle dürfen sie Geltung beanspruchen in unserer Bibliothek der Betrübnis, der Langeweile, der Einsamkeit, der Not, der Sorge. Wenn wir sagen, dass wir eine Krise erleben, drücken wir damit aus, dass uns etwas besonders herausfordert. Die Krise bringt etwas an den Tag. Das ist der alte Sinn des Wortes. Es spitzt sich etwas zu, das sich nun entscheiden muss. Das kann eine ganze Kultur und Lebensform betreffen, Politik und Gesellschaft, aber auch den kleineren sozialen Verband, die Familie. Oder das seelische und körperliche Leiden des Einzelnen. Kaum ein Lebenslauf kommt an einer großen Krise, in der sich das Leben wendet, vorbei. Ans helle Tageslicht gebracht hat die jetzige Krise, was wir in uns haben. So schlimm es ist: auch unsere Gier, unsere aggressiven Potentiale, unsere Irrationalität und unsere Egoismen. Aber ebenso eine ungeahnte menschliche Großzügigkeit und Freundlichkeit, Hilfsbereitschaft und Fähigkeit zum Mitleid. So viele sind jetzt dazu in der Lage, so viele lassen sich jetzt von der menschlichen Not brauchen, als verstünde sich das von selbst. „Darum, ich bitte euch, wollt nicht in Zorn verfallen / Denn alle Kreatur braucht Hilf von allen." Das ist der Schluss- und Kehrvers von Bertolt Brechts großer Mitleids-Ballade ‚Von der Kindsmörderin Marie Farrar' (1922). Verfallt auch nicht in Zorn gegen die, die jetzt Fehler machen, sich irren, uns unsere selbstverständlich gewordenen Freiheiten einschränken. Verfallt auch nicht in Zorn gegen die, die sich ungeschickt und gedankenlos anstellen und ungeduldig werden. Und verfallt auch nicht in Zorn gegen die, die jetzt besonders viele Ressourcen in Anspruch nehmen, obwohl sie nicht mehr ‚brauchbar' sind. Gerade indem sie nicht mehr ‚brauchbar' sind, werden sie gebraucht. So werfen sie die Frage auf, wer wir in der Krise sind und was uns in ihr verbindet. Sie zeigen uns, dass es ein sehr schlichtes, instrumentelles ‚Brauchen' gibt und ein viel komplexeres. Schon 1756 sagt Lessing – man hat den Satz häufig zitiert: „Der mitleidigste Mensch ist der beste Mensch, zu allen gesellschaftlichen

Tugenden, zu allen Arten der Großmut der aufgelegteste. Wer uns also mitleidig macht, macht uns besser und tugendhafter". Der literarischen Kunst des Trauerspiels weist er bei dieser Erziehung zum Mitleid eine zentrale Rolle zu: Dort, in der fiktionalen Welt der Kunst wird das Mitleid eingeübt, damit es sich im Leben bewähre. Nicht wenige der Bücher, die uns ihre Leser vorgestellt haben, waren auch Empathie-Einübungen im Medium der Fiktion, und ihre Lektüre entfaltete sich für die Leser so zur symbolischen Handlung, wenn mitgelacht und mitgeweint, mitgeliebt und mitgefiebert wurde.

Jetzt zeigt sich, dass wir, wenn wir, wie ich es versucht habe, von Rilkes Vers ausgehen, es uns mit diesem ‚Brauchen' nicht zu bequem machen sollten. Das Verb ‚vermögen' gehört nämlich dazu: Etwas zu ‚vermögen' ist viel stärker als etwas nur zu ‚können'. Und plötzlich wird aus der rhetorischen Frage ein Anspruch, eine Aufforderung, uns selbst zu befragen: Haben wir die innere Kraft dazu, die Fähigkeit, sind wir in der Lage, jemanden oder etwas wirklich zu ‚brauchen' – diese Frage wirft der Vers eigentlich auf.

Aber ob sich das, was jetzt geübt wird, auch im künftigen Leben bewähren kann, nach der Krise? Wie nachhaltig ist diese Bildung durch Lesen? Viele Generationen vor uns haben schon auf den erzieherischen Wert des ‚Wahren, Schönen, Guten' durch Kunst und Literatur gesetzt; und wie trügerisch hat sich diese Hoffnung 1933 erwiesen. 75 Jahre nach Kriegsende müssen wir auch daran denken. Joseph Goebbels war ein promovierter Germanist. Auch die schönste Kunst leistet nichts von alleine und entlässt niemanden aus der individuellen Verantwortung. Ja, gerade sie nicht! Oft hat man sagen hören, nach der Krise werde nichts wieder so sein wie vorher. Warten wir's ab. Werden wir selbst nicht mehr sein wie vorher? Wird die Krise sich als große Katharsis, als große, kollektive Läuterung erweisen, wie es die griechische Tragödie für die ganze Polis sein sollte? Ob wir dann, wenn sie vorbei ist, die Bücher noch so sehr brauchen werden und ‚die Kultur', von der heute viele ein wenig unbestimmt sagen, sie würden sie jetzt schon, nach wenigen Wochen der Einschränkungen so sehr vermissen? Es wäre nicht die schlechteste Konsequenz der Krise, dass wir wieder besser unterscheiden können zwischen dem, was uns wirklich wichtig ist und was für uns zählen soll: was wir wirklich brauchen und wofür wir uns wirklich brauchen lassen wollen und sollten. Und dem, was wir nicht wirklich brauchen und worauf man auch einmal verzichten kann, ohne gleich zu meinen, sich dann allzu sehr im tiefsten seelischen Schmerz krümmen zu müssen.

Kafkas Roman ‚Der Prozeß', entstanden 1914/15, erstmals gedruckt postum 1925, zählt zu den Zeugnissen der deutschen Literatur, die weltweit am meisten gelesen werden. Man kann, ja muss streiten über diesen Roman, besonders über den Schluss: Kommt der Held Josef K., ein Jahr nach seiner seltsamen Verhaftung, in der letzten großen und entscheidenden Krise seines Lebens zu irgendeiner Einsicht? „Ich wollte immer", sagt er sich, „mit zwanzig Händen in die Welt hineinfahren und überdies zu einem nicht zu billigenden Zweck. Das war unrichtig. Soll ich nun zeigen, daß nicht einmal der einjährige Prozeß mich belehren konnte? Soll ich als ein begriffsstutziger Mensch abgehen?" Was hätte er denn jetzt begriffen? Dass er seine „Welt" immer nur in einem Übermaß nur für seine Zwecke ‚brauchen' wollte? Dann, unmittelbar vor K.s Hinrichtung heißt es weiter in erlebter Rede: „Seine Blicke fielen auf das letzte Stockwerk des an den Steinbruch angrenzenden Hauses. Wie ein Licht aufzuckt, so fuhren die Fensterflügel eines Fensters dort auseinander, ein Mensch, schwach und dünn in der Ferne und Höhe, beugte sich mit einem Ruck weit vor und streckte die Arme noch weiter aus. Wer war es? Ein Freund? Ein guter Mensch? Einer, der teilnahm? Einer, der helfen wollte? War es ein einzelner? Waren es alle? War noch Hilfe?" Rettung, Erlösung durch einen ‚guten Menschen' – oder sterben „wie ein Hund"? Das ist eine eindringliche Stelle, die ihre Fragen auch an uns richtet. Was hat es denn nun auf sich mit diesem Lebenslauf, und warum ist dieser K. verhaftet worden? Wer könnte das sein, der das Fenster öffnet? „Mit einem Ruck" wendet er sich – wohin? Sieht er den, der dort unten gerade sterben muss?

So einfach ist es offenbar nicht mit diesem ‚Brauchen'. Brauchen kann man eine solche Stelle gerade deshalb, weil man sie nicht im Sinne pragmatischer Nützlichkeit brauchen kann. Literatur kann uns, indem sie uns das vorführt, in ungeheurer Weise ‚angehen', und das ist gar nicht harmlos gemeint; nicht in dem Sinne: Das geht mich doch nichts an. Doch solche Stellen ‚gehen' uns ‚an', uns mit unseren „zwanzig Händen", mit denen wir „in die Welt hineinfahren".

Alle haben wir unsere Techniken, wie wir Zugang zu einem Buch finden. Immer wieder hört man bei Erzählungen oder Romanen: ‚Ich gebe ihm zwanzig Seiten (oder wieviel auch immer). Wenn er mich dann nicht gepackt hat.' Schmöker und Krimis lassen sich auf dieses Risiko gar nicht erst ein. Medias in res, sagen sie. Gleich mitten hinein in die Handlung, und dann reißt sie einen fort. Peter-André Alt hat gerade in einem schönen Buch gezeigt, wie wichtig die ‚ersten Sätze' sind und welche Glanzstücke, in eine Erzählung hineinzuführen, die Weltliteratur bereithält. Anders ist es bei der Lyrik. Da gibt es Autoren, denen vielleicht respektvoll ein hoher Rang zugebilligt wird; in diesem Jahr, wo wir uns seines 250. Geburtstags erinnern, zum Beispiel Friedrich Hölderlin. Oder Paul Celan, der vor 100 Jahren geboren und vor 50 Jahren seinem Leben selbst ein Ende gesetzt hat und dem wir mit der ‚Todesfuge' das Gedicht des 20. Jahrhunderts verdanken. Aber gelesen werden beide, von wenigen Ausnahmegedichten abgesehen, doch nur von den Liebhabern. Dann aber immer wieder und oft schon lange. ‚Schöne Stellen' bleiben im Gedächtnis hängen; sie können einen durchs Leben begleiten, zum poetischen Ratgeber werden und ihre Brauchbarkeit anbieten. Bei Hölderlin zum Beispiel: „Sprache der Liebenden / Sei die Sprache des Landes." Oder: „Was bleibet aber, stiften die Dichter." An den schönen Stellen kann ein tieferes Verstehen des ganzen Textes beginnen, muss es aber nicht. Sie bleiben trotzdem schön. Wir nehmen sie mit in unser Leben hinein.

Ich sollte also wohl noch ein wenig mehr von Rilkes ‚schöner Stelle' zitieren: „Ach, wen vermögen / wir denn zu brauchen? Engel nicht, Menschen nicht, / und die findigen Tiere merken es schon / daß wir nicht sehr verläßlich zu Haus sind / in der gedeuteten Welt." In einer „gedeuteten Welt" haben wir bis zur Krise gelebt, haben gemeint, uns in ihr orientieren und sie verstehen zu können; heute hier, morgen dort. Was für ein Irrtum. Wer mit Tieren zu tun hat, der kennt das: Sie spüren unsere Unsicherheit, die sich womöglich auf sie selbst überträgt; sie sind ‚findig'. Das ‚Brauchen', so könnte man Rilke verstehen, wäre ein grundsätzliches Missverständnis, dem wir verfallen, wenn wir glauben, so in der „gedeuteten Welt", die wir uns mit unserer Deutung zu einer verstandenen und brauchbaren unterworfen haben, „verläßlich" zurecht zu kommen. Wenn wir den „Engeln", diesen Boten aus einer Welt, die die unsere grundsätzlich übersteigt und die wir deshalb nicht verstehen und deuten können, und „Menschen", die mit uns in dieser empirischen Welt sind, nur in einem banalen und instrumentellen Sinne brauchend begegnen, können sie uns nicht helfen. So könnte man die Stelle ausführen. Oder anders: „Brauchen" können wir sie nur, wenn wir sie nicht bloß brauchen wollen. Wenn sie uns nicht bloß nützlich sind für unsere „zwanzig Hände". Wenn wir ihnen ihr eigenes Recht zugestehen und sie anerkennen und sein lassen, wie sie sind, Menschen und Engel: eben anders oder sogar ganz anders. Wie oft hat man in den letzten Wochen und Monaten hören können, dass es so schön sei, jemanden einfach um sich zu haben. Sicher, der lässt sich auch ‚brauchen', und doch ist er nicht nur da, weil eingekauft und geputzt werden muss. Wir spüren etwas anderes dahinter, das wir vor der Krise vielleicht noch leicht ironisch ‚das Menschliche' genannt haben. Ironisch deshalb, weil wir unsere Souveränität doch nicht ernsthaft bestritten sehen wollten. Aber hinter dem Einkaufskorb, der vor der Tür steht, hinter den 30 Schutzmasken, die mir eine chinesische Doktorandin kürzlich aus Peking schickte, weil sie sich um mich sorgte, sechs Wochen waren diese Masken unterwegs; hinter der Trompeten-Ode ‚An die Freude‘, die übers Feld klingt: dahinter erscheint, über alle pragmatische Nützlichkeit hinaus, dieses Menschliche, das zu nichts gut ist und doch gerade deshalb gebraucht wird. Rilke formuliert es in der zweiten Elegie: „Fänden auch wir ein reines, verhaltenes, schmales / Menschliches, einen unseren Streifen Fruchtlands / zwischen Strom und Gestein." Zwischen dem reißenden Strom der Zeit und dem Trockenen und Verhärteten, aus dem nichts mehr wächst. Die vielen Bücher, von denen dieses Buch erzählt, brauchen wir jetzt besonders, weil wir sie nicht bloß brauchen. So werden sie zu kulturellen Symbolen für jenen, „unseren Streifen Fruchtlands / zwischen Strom und Gestein". Vielleicht behalten wir das in Erinnerung über die Krise hinaus, damit wir nicht irgendwann wie Kafkas Joseph K. sagen müssen: „es war, sollte die Scham ihn überleben."

* Wolfgang Braungart ist seit 1996 Professor für Literaturwissenschaft an der Universität Bielefeld.

Die Corona-Bibliothek der Leser*innen

Abate, Carmine: „Zwischen zwei Meeren", Aufbau Verlag, Berlin 2014

Achmatowa, Anna: „Gedichte", Suhrkamp Verlag, Frankfurt 2010

Anonymus: „Die Bibel", Deutsche Bibelgesellschaft, Stuttgart 2009

Arbeiter, Peter: „(Fast) Alltägliches vom Chronisten", Heka-Verlag, Leopoldshöhe 1989

Arkell, Reginald: „Pinnegars Garten", Unionsverlag, Zürich 2010

Artusi, Pellegrino: „Von der Wissenschaft des Kochens und der Kunst des Genießens", Büchergilde Gutenberg, Frankfurt 2000

Atwood, Margret: „Der Report der Magd", Piper Verlag, München 2017

Dies.: „Hexensaat", Knaus Verlag, München 2017

Aufderheide, Ulrike: „Tiere pflanzen – Faszinierende Partnerschaften zwischen Pflanzen und Tieren. 18 attraktive Lebensräume im Naturgarten gestalten", Pala Verlag, Darmstadt 2019

Ausländer, Rose: „Die Nacht hat zahllose Augen", Fischer Verlag, Frankfurt 1995

Auster, Paul: „Nacht des Orakels", Rowohlt Verlag, Reinbek 2004

Bahr, Petra: „Paul Gerhardt – Leben und Wirkung, Geh aus, mein Herz", Herder Verlag, Freibrug i. Br. 2007

Barnes, Julian: „Lärm der Zeit", Kiepenheuer & Witsch, Köln 2017

Barns, Anne: „Apfelkuchen am Meer", Cora Verlag, Hamburg 2017

Becker, Jürgen: „Dorfrand mit Tankstelle - Gedichte", Suhrkamp Verlag, Frankfurt 2007

Bender, Ingolf: „Praxishandbuch Pferdeweide", Kosmos Verlag, Stuttgart 2003

Benni, Stefano: „Die Bar auf dem Meeresgrund", Wagenbach Verlag, Berlin 2010

Berbner, Bastian: „180 Grad – Geschichten gegen den Hass", C. H. Beck Verlag, München 2020

Beston, Henry: „Das Haus am Rand der Welt", Mare Verlag, Hamburg 2018

Björnstad, Ketil: „Vindings Spiel", Insel Verlag, Frankfurt 2006

Ders.: „Der Fluss", Insel Verlag, Frankfurt 2009

Ders.: „Die Frau im Tal", Insel Verlag, Berlin 2011

Boccaccio, „Das Dekameron", Anaconda Verlag, Köln 2013

Böldl, Klaus und Vollmer, Andreas (Hg.) „Die Isländer Sagas in vier Bänden", S. Fischer Verlag, Frankfurt 2011

Bonhoeffer, Dietrich: „Widerstand und Ergebung", Gütersloher Verlagshaus, Gütersloh 2005

Ders.: „Brautbriefe Zelle 92", C. H. Beck Verlag, München 2010

Borrmann, Mechtild: „Morgen ist der Tag nach gestern", PendragonVerlag, Bielefeld 2007

Dies.: „Der Geiger", Droemer und Knaur, München 2012

Dies.: „Grenzgänger", Droemer und Knaur, München 2018

Boyle, T.C: „Die Terranauten", Hanser Verlag, München 2017

Ders.: „Wassermusik", Hanser Verlag, München 2014

Braudel, Fernand: „Das Mittelmeer und die mediterrane Welt in der Epoche Philipps II", Suhrkamp Verlag, München 1998

Brecht, Bertolt: „Der Rauch", in: „Die Gedichte von Bertolt Brecht in einem Band", Suhrkamp Verlag, Frankfurt 1981

Bronski, Alina: „Die schärfsten Gerichte der Tatarischen Küche", Kiepenheuer & Witsch Verlag, Köln 2010

Brückner, Christine: „Wenn du geredet hättest, Desdemona", Ullstein Verlag, Berlin 2002

Bruhns, Wibke: „Meines Vaters Land", Ullstein Verlag, Berlin 2008

Bucay, Jorge: „Komm, ich erzähl dir eine Geschichte", Fischer Verlag, Frankfurt 2007

Busch, Marlies: „Chicks in the City", Verlag Eugen Ulmer, Stuttgart 2017

Butkus, Günther und Göhre Frank: „So wie du mir. 19 Variationen über die Judenbuche von Annette von Droste-Hülshoff", Pendragon Verlag, Bielefeld 2010

Camus, Albert: „Die Pest", Rowohlt Verlag, Reinbek 1998

Celan, Paul: „Stehen", in: „Die Gedichte – Kommentierte Gesamtausgabe" herausgegeben von Barbara Wiedermann, Suhrkamp Verlag, Frankfurt 2005

Cervantes Saavedras, Miguel de: „Don Quijote von der Mancha" (übersetzt v. Susanne Lange), Hanser Verlag, München 2008

Clausen, Jens: „Das Selbst und die Fremde. Über psychische Grenzerfahrungen auf Reisen", Psychiatrie Verlag, Köln 2007

Colombani, Laetitia: „Das Haus der Frauen", S. Fischer Verlag, Frankfurt 2020

Connelly, Michael: „Die Verlorene", Droemer und Knaur, München 2018

Corréard, Alexandre und Savigny, Jean-Baptiste Henri: „Der Schiffbruch der Fregatte Medusa", Franz Greno Verlag, Nördlingen 1987

Czernin, Monika: „Maria Theresia - Liebet mich immer: Briefe an ihre engste Freundin", Ueberreuter Verlag, Wien 2017

Davidis, Henriette: „Praktisches Kochbuch für die gewöhnliche und feinere Küche. Mit über 1500 Rezepten", herausgegeben und bearbeitet von Gertrude Wiemann, Severus Verlag, Hamburg 2015

Defoe, Daniel: „Die Pest zu London", Ullstein Verlag, München 1996

Delius, Friedrich Christian: „Der Sonntag, an dem ich Weltmeister wurde", Rowohlt Verlag, Reinbek 2004

Diderot, Denis: „Jacques der Fatalist und sein Herr", Reclam Verlag, Stuttgart 1972

Dischner, Gisela: „Wörterbuch des Müßiggängers", Aisthesis Verlag, Bielefeld, 2009.

Dies.: „Müßiggang und Liebe", Aisthesis Verlag, Bielefeld, 2011.

Dönhoff, Marion: Reisebilder – Fotografien und Texte aus vier Jahrzehnten, Hoffmann und Campe Verlag, Hamburg 2005

Domin, Hilde: „Sämtliche Gedichte" herausgegeben von Nkiola Herweg und Melanie Reinhold, S. Fischer, Frankfurt 2009

Dostojewski, Fjodor, „Verbrechen und Strafe" übersetzt von Swetlana Geier, S. Fischer, Frankfurt 2003

Dusinberre, Edward: „Beethoven für eine spätere Zeit", Verlag Freies Geistesleben, Stuttgart 2018

Ehmer, Kerstin und Hindermann, Beate: „Die Schule der Trunkenheit", Verbrecher Verlag, Berlin 2018

Ellermeier, Barbara: „Sophie Scholl – Lesen ist Freiheit", Droemer und Knaur, 2018

Ende, Michael: „Momo", Carlsen Verlag, Hamburg 2010

Englert, Rudolf (Hg.): „Woran sie glaubten – wofür sie lebten: Vorbilder für die 365 Tage des Jahres", Kösel Verlag, München 2006
Enzensberger, Hans Magnus: „WirrWarr - Gedichte", Suhrkamp Verlag, Berlin 2020

Fermor, Patrick L.: „Mani", Piper Verlag, München 1960
Fontane, Theodor: „Effi Briest", Insel Verlag, Berlin 2011
Ders.: „Irrungen, Wirrungen", Reclam Verlag, Stuttgart 2019
Ders.: „Der Stechlin", Jazzybee Verlag, Altenmünster 2015
Ders.: „Vor dem Sturm", Deutscher Taschenbuch Verlag, München 2004
Ders.: „Die Brücke am Tay", in: „Gedichte in einem Band", Insel Verlag, Fankfurt 1998
Forester, C.S.: „Kapitän Hornblower", Ullstein Verlag, Berlin 2003
Frahm, Thomas: „Auf das Glück – Beinahelieder und Gedichte (2016-2003)", Chora Verlag, Duisburg 2016
Franzobel: „Das Floß der Medusa", Paul Zsolnay Verlag, Wien 2017

Garcia Marquez, Gabriel: „ Liebe in Zeiten der Cholera", Kiepenheuer & Witsch, Köln 2006
Gardam, Jane: „Untadeliger Mann", Hanser Berlin, Berlin 2015
George, Nina: „Die Schönheit der Nacht", Knaur Verlag, München 2018
Gilbert, Josiah & Churchill, George C.: „Die Entdeckung der Dolomiten", Edition Reatia, Bozen 2018
Giono, Jean: „Der Mann, der Bäume pflanzte", Hanser Verlag, München 2010
Glaser, Brigitte: „Rheinblick", List Verlag, Berlin 2019
Glattauer, Daniel: „Geschenkt", Deuticke Verlag, Wien 2014
Göbel, Doro und Knorr, Peter: Wimmelbilderbücher, Beltz & Gelberg, Weinheim
Goethe, Johann Wolfgang: „Reineke Fuchs", Reclam Verlag, Stuttgart 1986
Goldreich, Gloria: „Die Tochter des Malers", Aufbau Verlag, Berlin 2015
Goscinny, René und Uderzo, Albert: „Asterix auf Korsika", Band 20, Egmont Ehapa Media, 1973

Dies.: „Obelix GmbH & Co. KG", Band 23, Egmont Ehapa Media, 1976

Goulson, Dave: „Eine kurze Geschichte der Hummel", Hanser Verlag, 2014, München

Grimmelshausen, Hans Jacob Christoffel von: „Der abenteuerliche Simplicissimus Deutsch", Anaconda Verlag, Köln 2017

Grimms Märchen, Anaconda Verlag, Köln 2009

Grosche, Erwin: „Grosches Weltlexikon: Gesammelte Erklärungen, Vermutungen und Leerstellen von A bis Z", Bonifatius Verlag, Paderborn 2018

Grossmann, Wassili: „Leben und Schicksal", Claassen im Ullstein Verlag, Berlin 2007

Grünberg, Arnon: „Phantomschmerz", Diogenes Verlag, Zürich 2005

Gudehus, Juli: „Klopapier – Gestaltung für den Arsch", YouTube

Guterson, David: „Schnee, der auf Zedern fällt", Deutscher Taschenbuch Verlag, München 2014

Haber, Hans: „Unser blauer Planet", Deutsche Verlagsanstalt, München 1965

Hahn, Ulla: „Gedichte fürs Gedächtnis", Deutsche Verlagsanstalt, München 2008

Hansen, Dörte: „Mittagsstunde", Penguin Verlag, München 2018

Hansen, Erik Fosnes: „Choral am Ende der Reise", Fischer Verlag, Frankfurt 1997

Harari, Yuval Noah: „Eine kurze Geschichte der Menschheit", Pantheon Verlag, München 2015

Hartung, Harald (Hg.): „Jahrhundertgedächtnis – Deutsche Lyrik im 20. Jahrhundert", Reclam Verlag, Stuttgart 1998

Haruf, Kent: „Unsere Seelen bei Nacht", Diogenes Verlag, München 2017

Hasel, Verena Friderike: „Der tanzende Direktor", Verlag Kain & Aber, Zürich 2019

Hayes, Antonia: „Die relative Unberechenbarkeit des Glücks", Blanvalet Verlag, München 2016

Häusser, Alexander: „Noch alle Zeit", Pendragon Verlag, Bielefeld 2019

Haushofer, Marlen: „Die Wand", Ullstein Verlag, Berlin 2011

Heidenreich, Elke: „Alles kein Zufall", Hanser Verlag, München 2016

Heidenreich, Elke und Schroeder Bernd: „Alte Liebe", Hanser Verlag, München 2009

Heine, Heinrich: „Weiße Salbe weder heilet...", in: Heine, Heinrich, Werke in vier Bänden, Insel Verlag, Frankfurt 2002

Heinichen, Veit: „Gib jeden seinen eigenen Tod", Paul Zsolnay Verlag, Wien 2001

Ders.: „Die Toten vom Karst", Deutscher Taschenbuch Verlag, München 2003

Helfgen, Heinz: „Ich radele um die Welt", Bielefelder Verlag, Bielefeld 1988

Heller, Bruno: „Griechenland kreuz und quer", Verlag der Griechenland Zeitung, Athen 2019

Henrichs, Bertina: „Die Schachspielerin", Hoffmann und Campe, Hamburg 2006

Hesse, Hermann: „Die Kunst des Müßiggangs", Suhrkamp Verlag, Frankfurt 1973

Hill, Joe: „Fireman", Heyne Verlag, München 2017

Hodgkinson, Tom: „Anleitung zum Müßiggang", Heyne Verlag, München 2007

Hölderlin Friedrich: „Abendphantasie", in: Hölderlin, Friedrich, „Sämtliche Werke und Briefe", Wissenschaftliche Buchgesellschaft, Darmstadt 1998

Houellebecq, Michel: „Die Zukunft nach Corona", in: Frankfurter Allgemeine Sonntagszeitung, 10. Mai 2020

Hüsch, Hanns Dieter: „Du kommst auch drin vor – Gedanken eines fahrenden Poeten", Knaur Verlag, München 1992

Hugill, Stan: „Windjammer - Das raue Leben und die lustigen Lieder der alten Fahrensleute", Claassen Verlag, Düsseldorf 1978

Ironmonger, John: „Der Wal und das Ende der Welt", S. Fischer Verlag, Frankfurt 2019

Italiano, Federico und Wagner, Jan (Hg.): „Grand Tour – Reisen durch die junge Lyrik Europas", Hanser Verlag, München 2019

Jaud, Tommy: „Resturlaub", Scherz Verlag, Frankfurt 2006

Jens, Inge: „Unvollständige Erinnerungen", Rowohlt Verlag, Reinbek 2009

Joyce, James: Diverse Texte in: „Europa erlesen – Triest", Wieser Verlag, Klagenfurt 1997

Joyce, Rachel: „Die unwahrscheinliche Pilgerreise des Harold Fry", Krüger Verlag, Frankfurt 2012

Kästner, Erich, „Lyrische Hausapotheke", Deutscher Taschenbuch Verlag, München 1988

Kaléko, Mascha: „Sämtliche Werke und Briefe" (vier Bände), Deutscher Taschenbuch Verlag, München 2012

Kalisa, Karin: „Radio Activity", C. H. Beck Verlag, München 2019

Kast, Verena: „Vom Interesse und dem Sinn der Langeweile", Walter Verlag, Olten 2009

Keun, Irmgard: „Nach Mitternacht", Ullstein Verlag, Berlin 2002

King, Stephen: „The Stand - Das letzte Gefecht", Heyne Verlag, München 2016

Kishon, Ephraim: „Auch die Waschmaschine ist nur ein Mensch", Ullstein Verlag, Berlin 1994

Kleinod, Brigitte und Strickler, Friedhelm: „Schön wild! – Attraktive Beete mit heimischen Wildstauden im Garten – 22 Gestaltungsideen für jeden Standort", Pala Verlag, Darmstadt 2018

Kleist, Heinrich von: „Die Marquise von O…", Deutscher Taschenbuch Verlag, München 1998

Klüpfel, Volker und Kobr, Michael: Kluftingerkrimis, Piper Verlag, Ullstein Verlag sowie Droemer und Knaur

Köhlmeier, Michael: „Zwei Herren am Strand", Hanser Verlag, München 2014

Kosovel, Srecko: „Gedichte", Wieser Verlag, Klagenfurt 1992

Kreisler, Georg: „Ich weiß nicht, was soll ich bedeuten", Artemis Verlag, Mannheim 1973

Kreller, Susan: „Pirasol", Berlin Verlag, Berlin 2017

Kreuter, Marie Luise: „So entsteht ein Biogarten", BLV Buchverlag, München 1997

Kullmann, Folko: „Hoch das Beet!", Verlag Gräfe und Unzer, 2017

Lambert, Karine: „Und jetzt lass' uns tanzen", Diana Verlag, München 2017

Langewiesche, Marianne: „Königin der Meere", Fischer Verlag, Frankfurt 1955

Leo, Maxim: „Wo wir zu Hause sind", Kiepenheuer & Witsch, Köln 2019

Lenz, Siegfried: „Die Maske", Hoffmann und Campe, Hamburg, 2011

Ders.: „Der Geist der Mirabelle: Geschichten aus Bollerup", Deutscher Taschenbuch Verlag, München 1979

Lescaut, Julie: „Rosalie und der Duft der Provence", Goldmann Verlag, München 2017

Liedtke, Klaus-Jürgen (Hg.): „Die Ostsee – Berichte und Geschichten aus 2.000 Jahren", Galiani Verlag, Berlin 2018

Lindemann, Till: „100 Gedichte", Kiepenheuer & Witsch, Köln 2020

Lindgren, Astrid: „Die Menschheit hat den Verstand verloren – Tagebücher 1939-1945", Ullstein Verlag, Berlin 2015

Lillegraven, Ruth: „Sichel", Edition Rugerup, Berlin 2019

Livanelis, Zülfü: „Serenade für Nadja", Verlag Klett-Cotta, Stuttgart 2014

Loe, Erlend: „Doppler", Kiepenheuer & Witsch, Köln 2007

Lugert, Verena: „Die Irren mit dem Messer: Mein Leben in den Küchen der Haute Cuisine", Droemer Knaur Verlag, München 2017

Luiselli, Valeria: „Archiv der verlorenen Kinder", Verlag Antje Kunstmann, Bad Kissingen 2019

Luther, Martin: Brief vom 12. Mai 1530 an seinen Freund und Mitstreiter Philipp Melanchthon, in: Luther, Martin, Werke, Weimarer Ausgabe, Verlag Hermann Böhlaus Nachfolger Weimar 2002

Magris, Claudio und Ara, Angelo: „Triest – eine literarische Hauptstadt in Mitteleuropa", Deutscher Taschenbuchverlag, München 1993

Maintz, Christian und Seidlein, Cornelia von: „Lieber Gott, Du bist der Boß, Amen! Dein Rhinozeros – Komische deutschsprachige Gedichte des 20. Jahrhunderts", Sanssouci Verlag, Zürich 2000

Mann, Heinrich: „Der Untertan", Fischer Verlag, Frankfurt 1996

Mann, Klaus: „Symphonie Pathétique", Rowohlt Verlag, Reinbek 1999

Mann, Thomas: „Buddenbrooks – Verfall einer Familie", Fischer Verlag, Frankfurt 2008

Ders.: „Bekenntnisse des Hochstaplers Felix Krull", Deutscher Taschenbuch Verlag, München 1989

Ders.: „Der Zauberberg", Fischer Verlag, Frankfurt 1991

Manzoni, Alessandro: „Die Verlobten", Manesse-Verlag, Zürich 1951

Mathys, Stephan: „Vor dem Fenster", Edition 8, Zürich 2018

May, Nina F.: „Imaginate – Der Nachttannenturm", Drachenmond Verlag, Hürth 2020

Meckel, Christoph: „Licht", Fischer Verlag, Frankfurt 1980

Ders.: „Tarnkappe". Gesammelte Gedichte, Hanser Verlag, München 2015

Meyerhoff, Joachim: „Ach, diese Lücke, diese entsetzliche Lücke", Kiepenheuer & Witsch, Köln 2015

Modick, Klaus: „Konzert ohne Dichter", Kiepenheuer & Witsch, Köln 2015

Mörike, Eduard, „In der Frühe", in: „Sämtliche Gedichte in einem Band", Insel Verlag, Frankfurt 2001

Moor, Margriet de: „Sturmflut", Hander Verlag, München 2006

Morosinotto, Davide: „Verloren in Eis und Schnee", Thienemann Verlag, Stuttgart 2018

Müller Heiner: „Liebesgedicht", in: „Warten auf der Gegenschräge – Gesammelte Gedichte", Suhrkamp Verlag, Berlin 2014

Mullen, Thomas: „Die Stadt am Ende der Welt", Verlag Hoffmann und Campe, Hamburg 2007

Nadolny, Sten: „Die Entdeckung der Langsamkeit", Piper Verlag, München 2012

Noteboom, Cees: „Der Umweg nach Santiago", Suhrkamp Verlag, Frankfurt 2007

O'Brien, Patrick: „Master and Commander", Verlag Harper Collins, New York 2010

Oehlenbach, Melanie: „Mein Stadtbalkon. Gartenglück auf kleinem Raum", Franckh Kosmos Verlag, Stuttgart 2020

Ortheil, Hans-Josef : „Die Mittelmeerreise", Luchterhand Verlag, München 2018

Ders.: „Die Erfindung des Lebens", Luchterhand Verlag, München 2009

Orwell, George: „Über Nationalismus", Deutscher Taschenbuch Verlag, München 2020

Ostritsch, Sebastian, „Hegel, der Weltphilosoph", Propyläen Verlag, Berlin 2020

Pahor, Boris: „Nekropolis", Berlin Verlag, Berlin 2001

Paquot, Thierry: „Die Kunst des Mittagsschlafs", L.S.D. im Steidl Verlag, Göttingen 2011

Paris, B. A.: „Saving Grace", Blanvalet Verlag, München 2016

Parigger, Harald: „Im Schatten des schwarzen Todes", Deutscher Taschenbuch Verlag München 2001

Paul, Stevan: „Monsieur, der Hummer und ich: Erzählungen vom Kochen", Mairisch Verlag, Hamburg 2009

Pepys, Samuel: „Das geheime Tagebuch", Insel Verlag, Frankfurt 1982

Perez-Revertes, Arturo: „Der Fechtmeister", btb Verlag, München 1998

Pichler, Steffen: „Der Goldene Frühling", Zeis Verlag, Frankfurt 2019

Prange, Peter: „Eine Familie in Deutschland – Zeit zu hoffen, Zeit zu leben", Fischer Verlag, Frankfurt 2018

Quasimodo, Salvatore: „Gedichte 1920-1965", Dietrich'sche Verlagsbuchhandlung, Mainz 2010

Quigle, Sarah: „Der Dirigent", Aufbau Verlag, Berlin 2012

Queneau, Raymond: „Stilübungen", Suhrkamp, Frankfurt 2007

Rachmann, Tom: „Die Unperfekten", Deutscher Taschenbuchverlag, München 2014

Rammstedt, Tilman: „Der Kaiser von China", DuMont Verlag, Köln 2008

Reich-Ranicki, Marcel: „Ein Jüngling liebt ein Mädchen – Deutsche Gedichte und ihre Interpretationen", Insel Verlag, Frankfurt 2001

Renk, Ulrike: „Ostpreußen-Saga", Aufbau Verlag, Berlin 2017-2019

Dies.: „Seidenstadt-Saga", Aufbau Verlag, Berlin 2018-2020

Reschke, Rudolf Helmut (Hg.): „Deutsche Lyrik unseres Jahrhunderts", Bertelsmann Club, Gütersloh 1992

Rilke, Rainer Maria: „Briefe an einen jungen Dichter", Wallstein Verlag, Göttingen 2019

Ders.: „Duineser Elegien", in: „Lyrik und Prosa", Wissenschaftliche Buchgesellschaft, Darmstadt 1999

Roger Repplinger (Hg.): „Wenn Männer weinen - 11 Dramen über den Abstieg aus der Bundesliga", Delius Klasing Verlag, Bielefeld 2019

Rohland, Max und Stümann, Oliver: Lesung von Gedichten unter http://maxrohland.de/unser-taeglich-gedicht-gib-uns-heute/

Roth, Joseph: „Radetzkymarsch", Deutscher Taschenbuch Verlag, München 1998

Ritter, Christiane: „Eine Frau erlebt die Polarnacht", Ullstein Verlag, Berlin 1997

Romberg, Johanna: „Federnlesen. Vom Glück, Vögel zu beobachten", Bastei Lübbe, Bergisch Gladbach 2018

Rotterdam, Erasmus von: „Lob der Torheit", Reclam Verlag, Stuttgart 1986

Ruge, Eugen: „Metropol", Rowohlt Verlag, Reinbek 2019

Saba, Umberto: „Canzoniere – Gedichte", Klett-Cotta, Stuttgart 1997

Salzgeber, Jonas: „Das kleine Handbuch des Stoizismus: Zeitlose Betrachtungen um Stärke, Selbstvertrauen und Ruhe zu erlangen", Finanzbuch Verlag, München 2019

Saramago, José: „Die Stadt der Blinden", Rowohlt Verlag, Reinbek 1999

Sartorius, Joachim (Hg.): „Für die mit der Sehnsucht nach dem Meer. Gedichte", Mare Verlag, Hamburg 2008

Saucier, Jocelyn: „Ein Leben mehr", Insel Verlag, Berlin 2015

Schacht, Christopher: „Mit 50 Euro um die Welt", Adeo Verlag, Asslar 2018

Schlesier, Vanessa und Jäger, Malte: „Jerusalem – Rezepte, Restaurants, Geschichten", atVerlag, Aarau und München 2020

Schlösser, Manfred (Hg.): „An den Wind geschrieben – Lyrik der Freiheit 1933-1945", Deutscher Taschenbuch Verlag, München 1962

Schönburg, Alexander von: „Die Kunst des stilvollen Verarmens – Wie man ohne Geld reich wird", Rowohlt Verlag, Reinbek 2005

Schopenhauer, Arthur: „Aphorismen zur Lebensweisheit", Marix Verlag, Wiesbaden 2010

Secundus, Joahnnes: „Basia", Aisthesis Verlag, Bielefeld 2010

Seethaler, Robert: „Ein ganzes Leben", Hanser Verlag, München 2014

Ders.: „Der Trafikant", Kein & Aber, Zürich 2012

Sijie, Dai: „Balzac und die kleine Schneiderin", Piper Verlag, München 2003

Simeonis, Evi: „Schlagmann", Verlag Klett-Cotta, Stuttgart 2012

Sjöwall/Wahlöö: „Die Terroristen", Rowohlt Verlag, Reinbek 2000

Slataper, Scipio: „Mein Karst", Wieser Verlag, Klagenfurt 1988

Sparr, Thomas: „Todesfuge – Biographie eines Gedichts", Deutsche Verlagsanstalt, München 2020

Stanišic, Saša: „Herkunft", Luchterhand Verlag, München 2019

Stefansson, Jon Kalman: „Himmel und Hölle", „Das Herz des Menschen" und „Der Schmerz der Engel", Piper Verlag, München 2011, 2012, 2014

Stifter, Adalbert: „Der Nachsommer", Goldmann Verlag, München 2005

Stock, Martin, und Schröder,Tim: „Wunderwelt Wattenmeer", Delius Klasing Verlag, Bielefeld 2020

Storm, Theodor: „Der Schimmelreiter", Reclam Verlag, Stuttgart 2005

Strelecky, John: „Das Café am Rande der Welt", Deutscher Taschenbuch-Verlag, München 2007

Stümann, Oliver und Rohland, Max: Lesung von Gedichten unter http://maxrohland.de/unser-taeglich-gedicht-gib-uns-heute/

Roth, Joseph: „Radetzkymarsch", Deutscher Taschenbuch Verlag, München 1998

Sünwoldt, Margitta: „Von Königsberg bis 80", Medu Verlag, Dreieich 2017

Sußebach, Henning: „Deutschland ab vom Wege – Eine Reise

durch das Hinterland", Rowohlt Verlag, Reinbek 2017

Svensson, Patrick: „Evangelium der Aale", Hanser Verlag, München 2020

Svevo, Italo: „Zeno Cosini", Rowohlt Verlag, Reinbek 1993

Taylor, Kressmann: „Adressat unbekannt", Rowohlt Verlag, Reinbek 2011

Tergit, Gabriele: „Effingers", Schöffling + Co., Frankfurt 2019

Dies.: „Käsebier erobert den Kurfürstendamm", Schöffling + Co., Frankfurt 2016

Timm, Uwe: „Der Mann auf dem Hochrad", Deutscher Taschenbuch Verlag, München 2002

Ders.: „Die Erfindung der Currywurst", Deutscher Taschenbuch Verlag, München 2000

Ders.: „Am Beispiel meines Bruders", Kiepenheuer & Witsch, Köln 2003

Tinz, Sigrid: „Haufenweise Lebensräume – Ein Lob der Unordnung im Garten – Naturschutz im Garten, Artenvielfalt, Gestaltung", Pala Verlag, Darmstadt 2019

Tippelt, Frank und Bernert, Willibald A.: „Kneipen, Kult und Kakerlaken", Wartberg Verlag, Gundensberg 2019

Tokarczuk. Olga: „Unrast", Schöffling + Co, Frankfurt 2009

Tomizza, Fulvio: „Triestiner Freundschaft", Deutscher Taschenbuchverlag, München 1984

Towles, Amos: „Ein Gentleman in Moskau", List Verlag, Berlin 2017

Twain, Marc: „Bummel durch Europa", Anaconda Verlag, Köln 2009

Ulitzkaja, Ljudmila: „Jakobsleiter", Hanser Verlag, München 2017

Ungaretti, Giuseppe: „Morgen", in: „Gedichte", Suhrkamp Verlag, Frankfurt 2008

Uschmann, Oliver: „Hartmut und ich", Fischer Verlag, Frankfurt 2005

Vargas, Fred: Buchreihe mit den Krimis um Kommissar Adambsberg, Aufbau Verlag, Berlin

Voltaire: „Der ehrliche Hurone" und „Candide oder die beste aller

Welten", in: „Sämtliche Romane und Erzählungen", Insel Verlag, Frankfurt 1976

Voss, Julia: „Die Menschheit in Erstaunen versetzen", Fischer Verlag, Frankfurt 2020

Waco, Laura: „Von Zuhause wird nichts erzählt. Eine jüdische Geschichte aus dem Nachkriegs-Deutschland", Kirchheim Verlag, Mainz 1996

Wagner, David: „Der vergessliche Riese", Rowohlt Verlag, Reinbek 2019

Wagner, Jan: „Regentonnenvariationen", Hanser Berlin, 2014

Wahl, Aaron: „Ein Tor zu eurer Welt (Wie ich als Autist meine Gefühle lieben lernte)", Knaur Verlag, München 2019

Wallis, Velma: „Zwei alte Frauen", Piper Verlag, München 2005

Webeling, Peter: „Das Lachen und der Tod", Blessing Verlag, München 2013

Weber, Hans und Bonn, Gisela: „Nepal, Bilder aus dem Kathmandu-Tal", DuMont Reiseverlag, Ostfildern 1988

Weiskopf, F. C.: „Abschied vom Frieden", Aufbau Verlag, Berlin und Weimar 1973

Werth, Jürgen: „Lieber Dietrich. . . Dein Jürgen – Über Leben am Abgrund – ein Briefwechsel mit Bonhoeffer", Gütersloher Verlagshaus, Gütersloh 2020

Wilson, Bee: „Am Beispiel der Gabel – Eine Geschichte der Koch- und Esswerkzeuge", Insel Verlag, Berlin 2014

Winnemuth, Meike: „Das große Los. Wie ich bei Günther Jauch eine halbe Million gewann und einfach losfuhr", Albrecht Knaus Verlag, München 2013

Winslow, Don: „Frankie Machine", Suhrkamp Verlag, Frankfurt 2009

Wroblewski, Regine: „Der tröstende Duft von Rosinenschnecken", Edition Forsbach, Bamberg 2009

Wulf, Andrea: „Alexander von Humboldt – und die Erfindung der Natur", C. Bertelsmann Verlag, München 2016

Valmy, Marcewl: „Die wundersamen Nächte des Monsieur Lacombe", Goldmann Verlag, München 1960

Vernes, Jules: „In 80 Tagen um die Welt", Anaconda Verlag, Köln 2010

Vessas, Tarjei: „Das Eisschloss", Guggolz Verlag, Berlin 2019

Wader, Hannes: „Trotz alledem, mein Leben", Penguin Verlag, München 2019

Zafón, Carlos Ruiz: „Der Schatten des Windes", Suhrkamp 2005, Frankfurt 2005

Ders.: „Das Spiel des Engels", Fischer Verlag, Frankfurt 2010

Ders.: „Der Gefangene des Himmels", Fischer Verlag, Frankfurt 2013

Ders.: „Das Labyrinth der Lichter", Fischer Verlag, Frankfurt 2018

Vita

Stefan Brams, geboren 1962 in Wilhelmshaven, ist Redakteur und leitet die Kultur- und Medienredaktion der Neuen Westfälischen. Seit 1983 lebt und arbeitet der Journalist und Autor in Bielefeld, wo er an der Uni Germanistik, Geschichte und Philosophie studiert hat. 1995 erhielt er für sein im Pendragon Verlag Bielefeld erschienenes Buch „Franziska Spiegel – Ein Monolog" den Kulturpreis des Kreises Herford. Gelesen von Therese Berger ist der Monolog im Bielefelder Kunstsinn Verlag als Hörbuch erschienen. Weitere Publikationen: „Gegen alle Widerstände" (zusammen mit Stefan T. Gruner), Edition Octopus, sowie „Friedrich Mergel – Ein Geständnis", in: „So wie du mir – 19 Variationen über die Judenbuche von Annette von Droste-Hülshoff", Pendragon Verlag, Bielefeld.

Inhalt